고향 곁에 머무는 마음,
자이니치 경북인

글 이정화 · 사진 이정화 · 신동호 · 기획 (사)인문사회연구소

차례

오카야마현
- 오카야마 워커힐 — 010
  - 집이 안와서 돌아가지 못한 고향 | 권외남 — 012
  - 이(李)씨 정신을 잃지마라 | 이보창 — 022

효고현
- 께미까르 슈즈 — 038
  - 나는 일본 흙이 됩니다 | 이귀연 — 040
  - 잠수함부대 6년 | 차헌소 — 052

오사카부
- 이쿠노구 코리아 타운 — 062
  - 구두 밑창에 숨겨서 몇 번을 날랐던 100만엔 | 김창식 — 064
  - 스끄라뿌, 쇠밥, 오사카 박 | 박재길 — 078
  - 발음할 줄도 몰랐던 한국이름 '곽진웅' | 곽진웅 — 088
  - 쌀집 데쩨 아들과 양조장집 귀딸 | 강상훈·진춘자 — 098
  - 내 인생이 달이다 | 최월숙 — 108

교토부
- 똥9조 0번지 — 124
  - 교토뱀장어집 — 126
  - 아슬아슬한 기억의 고백 | 김영철 — 128
  - 해적을 만나서 주저앉은 땅 | 박의순 — 146
  - 우롱차 시켜놓고 트로트로 배운 한국말 | 황영주 — 156

가나가와현	• 공해마을 오오힌지구	174
	아나기(空議), 아나키(anarchy)	배중도	176
	다문화공생의 깨달음, 후레아이관	후레아이관	180
	마음의 집, 도라지회	도라지회	186

도쿄도	• 비빔밥, 수르집(술집) 여자말	196
	이름도 성도 모르는 조비히게	진동철	198
	치열한 의리와 명예로 버틴 지뢰밭 같은 생	조규화	208
	전쟁으로 뒤바뀐 생(生)	오영원	216
	내 자랑은 주인(남편) 밖에 없어요	김주태	230
	벌거지 소리가 나는 바이올린	이남이	240
	몸도 내고 시간도 내서 만드는 민단사회	남조남	250
	통명으로 다녔지만 본명으로 살다	김진묵	258

지바현	• 비밀조직단 십일회	272
	가네(金), 쇠금 변 들어가는 게 경기가 좋았지	이석노	274
	천추(千秋)전기, 천 개의 가을을 밝히다	김풍성	282
	'가타가타' 아버지가 만든 길	정동일	288

재일본경상북도 도민회 ··· 296
세계시민으로 사는 경북인, 지난 7년의 여정 ··· 298
도움 주신 분 ··· 314
참고문헌 ··· 315

일러두기

1. 자이니치
재일(在日)의 일본식 발음. 일본 식민지배를 계기로 일본에 살게 된 조선인과 후손.
'재일동포', '재일한국인', '재일조선인' 등으로도 지칭한다.

2. 올드커머/뉴커머
한일 국교정상화 시점인 1965년을 기준으로 그 이전에 일본으로 이주한 사람을
'올드커머', 이후 이주한 사람들을 '뉴커머'라고 한다. 뉴커머는 '신(新)정주자'라고도 한다.

3. 자이니치 세대
일제 강점기에 조선반도에서 일본으로 이주한 사람들은 1세로, 일본에서 태어난 그들의 자녀는
2세로 일컬어진다. 미성년일 때 부모님과 함께 일본으로 이주해 온 경우 1.5세로 분류한다.
자이니치의 정체성은 세대 별로 차이를 보인다.

4. 통명
자이니치의 일본식 이름. 해방 이후에도 상당수의 자이니치들은 이름으로 인한
차별을 피하기 위해 일본풍의 통명을 사용해왔다. 대게 일제 강점기에 일본 정부가
강요했던 '창씨개명'을 통해 창씨한 성을 계속 쓰고 있다.

5. 자이니치의 국적
1947년 외국인등록령으로 인해 자이니치들은 일제 강점기에 강제로 부여되었던
일본국적을 박탈당하고, 외국인으로 간주되었다. 1947년 대일본제국 헌법 부칙에 따라
이들은 조선적으로 분류되었다. 대한민국 정부 수립 이후 1950년부터 조선인의 등록표기를
'한국'으로 바꿀 수 있게 허용하였다. 이때부터 자이니치는 한국적, 조선적, 일본국적으로
분화되기 시작했다.

6. 조선적
대한민국과 조선민주주의인민공화국이 생기기 전 자이니치에게 주어진 일본 내 신분.
광복 후 대한민국 국적을 취득하지 않은 자이니치의 외국인등록증에는
조선반도 출신이라는 의미에서 '조선'이 표기되어있다. 조선적은 사실상
무국적과 비슷하며, 조선적과 북조선 국적을 혼동해서는 안된다.

7. 조선학교
1945년 일본의 패전 직후, 남한과 북한 정부 수립 이전에 세워진 조선민족교육을 위한 학교.
조선인학교로도 불렸으며 국어강습소 같은 형태였다. 1949년 일본정부의 폐쇄령에 의해
없어졌으나, 1955년 재일본조선인총연합회(조총련) 결성 후 북측의 지원을 받아
조총련계 학교로 운영되기 시작하였다. 그러나 재학생 과반수는 한국적이며,
한국어 교육 등 조선인의 정체성 함양을 위해 재학을 결정한 경우도 많다.

오카야마현

-
오카야마 워커힐
-
짐이 안와서 돌아가지 못한 고향 | 권외남
아들인 줄 알고 지어놓았던 이름, 외남(巍男) | 구담나루까지도 못 가봤던 17살
유령 몇 명을 앉혀놓고 타 온 설탕배급 | 사흘 만에 온 짐과 13,000엔을 잃은 노름판
쓰루미 활성탄 공장, 영감 할마이 | 고철만선 | 꽃가라 치마저고리 | 융자가 안되서 바꾼 국적
-
이(李)씨 정신을 잃지마라 | 이보창
규슈탄광의 외할아버지 | 너도 그 십자가를 지고 살아라 | 재순, 'ZAI' | 대구정 이모
열여덟의 한국, 온돌과 우박 | 보창, 도미테루 | 서경식의 책과 윤이상의 음악
소통을 위한 젊은 집단, 다이얼로그

오카야마 워커힐

　도민회 모임이 끝나면 이들이 함께 어울리는 곳은 '내 집 같이 마음 편한 술집'이었다. 붉은 조명과 미러볼이 없다면 거의 일반 가정집의 거실과도 흡사한 그 곳을 '워커힐'이라고 불렀다.
　거리낌 없이 고향의 사투리와 고향 얘기를 쏟아낼 수 있는 그 곳의 여주인을 '마마'라 부르며 그들만의 돈독한 연대감을 느낄 수 있었다. 맥주와 양주를 팔지만 장구와 꽹과리도 있고, 날렵한 조선의 춤사위도 있었다.
　마마는 '제주도 소다쩨(토박이)'였다. 일본에 온 지 10년이 되었고, 불경기로 인해 뜸해진 단골들을 하나하나 호명하며 그들의 안타까운 속사정을 들려주기도 했다. 그들이 모인 자리에 너무도 자연스럽게 어울리던 남원 출신의 한 남자.
　아주 잠깐 우리가 '오카야마 양씨'라고 불렀던 그는 오카야마상업은행 이사장이었다. 츄리닝 차림의 맨발로 슬리퍼를 신고 온 그는 오카야마 경북도민회와는 오래 전부터 허물없이 지내온 사이였다.

짐이 안와서 돌아가지 못한 고향

권이남 (1927년생, 1세, 경북 안동시 풍전면 구호리, 오카야마현 비젠시 쓰루미)
김행일 (아들, 1944년생, 2세, 경북 의성군 다인면, 오카야마현 비젠시 쓰루미)

아들인 줄 알고 지어놓았던 이름, 외남(嵬男)

경북 안동시 풍천면 구호동이 고향인 그녀의 아버지는 모두 4형제였다. 마을에서 이름난 선비로 글을 가르쳤던 큰아버지는 농사일에는 전혀 소질이 없었으며, 두 명의 삼촌들은 '일본 요꼬하마'에 살던 종삼촌을 따라 일본으로 건너갔다. '지차(둘째)'였던 아버지는 그중에 가장 많은 땅을 가지고 있었던 영락없는 농사꾼이었다. 첫 딸을 본 집안에서는 아주 기뻐했다. 둘째인 그녀가 태어날 때는 당연히 아들인 줄 알고 이름까지도 사내아이 이름을 지어 놓았다.

"머스마 이름을 지어놨는데 놓으이 딸이라."

그녀가 5살 때 남동생을 하나 보긴 했지만 그 뒤로 줄줄이 '놓으이 딸이고, 놓으이 딸'이었다. 그 후 집 안 어른들은 상의 끝에 '친정에서 낳아서 오면 틀림없이 아들'이었던 며느리에게 '너거 집에 가서 낳아라'며 산달에는 꼭 친정으로 보내주었다. 그 후로 4명의 남동생이 더 생겼다. 그녀는 9남매 중 둘째이다.

구담나루까지도 못 가봤던 17살

17살 때까지 골짝골짝 '빠스(버스)도 한 번 구경 모했고' 기껏해야 '우두 여로(넣으러) 간다고' 마을을 벗어나는 것이 고작이었던 그녀는 그때껏 '구담나루까지도 못 가보고' 살았다.

'경북 의성 다인면'이 고향인 남편(김정구)과는 제대로 '얼굴 한 번 못보고' 결혼식을 올려야 했던 그녀는 시집가던 날 큰 아버지 손에 이끌려 '가마도 못 타고 걸어서 매내미재'를 넘어야 했다. 저녁 어스름이 되어서야 시댁에 도착한 그녀는 남편을 따라 곧 일본으로 떠나야 한다는 소식을 들었다. 며칠이 채 지나지 않아 안동에서 처음 기차를 탔다. 태어나서 처음 기차소리를 들으며 '이제 이 땅을 떠나는 구나' 실감했다. 결국 비행기표를 구하지 못한 남편과 함께 배를 타고 큰 시숙이 살고 있는 일본 오카야마현 오쿠군 사이다이지에 도착했다.

유령 몇 명을 앉혀놓고 타 온 설탕배급

친정아버지와 동갑이었던 큰 시숙은 오카야마현에서 '두마지기 농사도 하고 마차도 하고' 있었다. 둘째 시숙 또한 벽돌공장에 다니며 꽤 자리를 잡아가고 있었다. 둘째 시숙이 다니던 벽돌공장을 이틀 만에 그만 둔 남편은 어디든 취직을 해도 4, 5일 만에 때려치웠다. 결혼 전에도 남편은 징용으로 간 북해도에서 조선으로 돌아가는 기차에서 뛰어내려 오카야마현에 있는 형을 찾아갔다.

'신체도 좋고 요령도 좋은 남편'은 배포도 두둑했다. 놀기를 좋아했지만 주위의 어렵고 딱한 사정을 들으면 나서서 해결하는 것 또한 마다하지 않았다. 다행히도 효고현 히메지의 아이오이 마을에 '경주 김씨'라는 오야카타(감독관)가 남편을 유독 신뢰했다. 덕분에 가짜로 등록해 놓은 직원의 이름으로 쌀과 설탕을 배급받아 살 수가 있었다.

"유령을 몇이나 앉혀 놓으이 쌀이 많아."

남편은 첫 애를 낳았을 때까지도 변변한 수입이 없었다. 당시 쌀과 설탕은 화폐와도 같았다. 남편이 가져다주는 쌀과 설탕을 동네 옷가게에서 옷으로도 바꿔오고, 생활용품으로도 바꿔왔다. 그렇게 아들의 손을 잡고 '물건을 바꾸러 다니던' 그녀는 2살 많은 시동생과 함께 쌀장사에 나섰다. '배급받은 쌀'이나 오카야마 농가에서 '농사지은 쌀'을 가져다가 고베나 오사카의 도시로 가서 팔았다.

사흘 만에 온 짐과 13,000엔을 잃은 노름판

"아무리 기다려도 안 와. 배는 곧 가야 되는데, 들어가야 되는데 우리 짐이 안 와. 짐은 사흘 만에 왔어."

일본으로 건너 와서 1년 정도가 지나고 해방이 되었다. 그녀는 남편과 형제들과 함께 한국 땅으로 돌아가기 위해 오카야마 카타카미 항구에서 배를 기다렸다. 그렇게 기다리던 배가 들어왔지만 이번에는 짐이 오지 않았다. 3일이나 지나서야 도착한 짐을 들고 귀국선이 들어오는 히로시마항으로 다시 발길을 옮겼다.

항구에서 기다리는 동안 '그냥 노는 게 아깝다'며 남편은 챙겨왔던 쌀을 모조리 들고 가서 팔아왔다. 13,000엔을 벌어온 남편은 그 돈을 들고 또 노름판까지 뛰어들었다. 결국 배삯까지 모두 잃고 만 남편은 '빈손으로는 절대 고향에 갈 수 없다'며 귀국선을 그냥 떠나보냈다.

이후 고국으로 먼저 돌아 간 시숙들은 '부자라도 뭘 살 수도 없었던' 조선땅에서 먹고 살기조차 어려웠다. 그 후 오랫동안 남편에게 '정구 니 노름 때문에 잘됐다'며 일본에 남게 된 이유에 대해 두고두고 얘기했다.

"노름을 참 잘했다 노름 안했으면 그냥 갔을 건데. 가서 배를 타고 갔을 건데 돈 다 잃어버렸다고 하데. 못 간다고, 안 가고 쳐졌다. 글쎄 참 노름을 잘했다."

쓰루미 활성탄 공장, 영감 할마이

그녀가 60년 넘게 살고 있는 비젠시 쓰루미는 예로부터 양질의 점토로 유명한 곳으로 3개의 벽돌공장이 모두 가동될 때에는 마을은 온통 조선인들로 붐볐다.

70년대 부부가 함께 '활성탄 공장'에 다닐 때였다. 같은 조선적을 가진 사람들 중에는 요령을 피우는 사람들도 많았지만 부부는 '월급쟁이 열 명이 하는 일'을 다 해치웠다. '조선에서 온 영감 할마이'라고 공장에 소문이 파다했다. 열심히

일한 덕분에 일본인 공장장조차도 '신용을 얻은' 부부를 함부로 대할 수 없었다. 젊었을 때부터 화장 한 번 못하고 탄가루를 뒤집어 쓴 채 늘상 '시커멓게 분발라' 있던 그녀는 공장일이 끝나면 다시 공장 근처에서 '숯불구이나 곱창구이'를 파는 식당일을 했다.

고철만선

당시 '월급쟁이가 10,000엔을 받던 시절' 남편은 노름판에서 200만 엔을 날린 적이 있었다. 다급한 마음에 형제들을 찾아가 부탁도 했지만 아무 소용이 없었던 남편은 집으로 돌아오지 못했다. 그렇게 빈털터리가 된 남편은 며칠 동안 바닷가를 다니며 버려져 있던 폐선의 고철을 뜯어 모아서 잃은 돈을 다시 마련했다. 허름한 나룻배 한가득 고철을 싣고 돌아오던 남편을 보고 마을 사람들도 모두 신기해했다. 노름판에서 잃은 돈을 다시 마련해 와서 그녀의 손에 쥐어주었다. 그리고는 또 일주일을 돌아오지 않았다.

"바닷가에 가면 배가 왔다 갔다 하니까 고철들이 나오잖아. 한 푼도 없는데 그걸 어떻게 구하는지 모르겠다고, 또 그걸 어떻게든 다시 팔아서 돈을 만들어 왔다니까요"

꽃가라 치마저고리

그녀가 시집온 지 20년 만에 처음 고향을 다시 찾았을 때였다. 어려운 형편에 고향 갈 엄두도 못 냈지만 남편은 '혼자 있는 장모에게 혼자라도 다녀오라'며 왕복비용을 마련해 주었다. 떠나올 때 막 태어났던 막내 동생은 스무 살 청년이 되어 있었다. '너무 촌이라 사람 사는 게 아니고 돼지축사 같았던 집'에는 어머니와 동생이 살고 있었다.

막내가 태어난 지 5일 만에 친정아버지는 세상을 떠나고 홀로 남은 어머니는 온갖 고생을 다하고 있었다. 다시 만난 어머니 앞에서 '그렇게 눈물이 나올 줄 몰랐을 정도로' 그녀는 울고 또 울었다. 어머니가 차려준 밥상은 눈물이 나서 먹지도 못했다.

"말도 안 나와. 나이떼나 오까가 나이떼 나이떼."

"어메가 얼마나 고생하고 있는데 그런 소리 시방 하면 안된다. 어메 속이 아파 고생하는데, 아는 놈이, 속에 다 지분 속에 넣고 있다."

그녀는 일본에서 어머니에게 줄 '치마저고리'를 준비해 갔다. 당시 '2만 엔 넘게 주고 산 옷감'을 떠서 만들어간 저고리는 '고상한 꽃가라'였다. 그리고 어렵게 마련해 간 10만 엔을 반으로 나누어 어머니와 오빠에게 나눠주었다. 어머니는 바다 건너 온 딸에게 '번거로운 음식'말고 '한 덩어리로 만들어서 먹는 떡'을 손수 빚어서 시루에 쪄 주었다. '대추, 곶감을 섞어서 만든 백설기'를 보자기로 싸서 가방에도 넣어 주었다.

융자가 안 되서 바꾼 국적

오카야마현에서 활동하고 있는 대부분의 재일조선인들은 '조선적'을 유지하고 있는 편으로 그들은 '태어났을 때부터' 조선적이었던 사람들이다. 3년 전 오카야마 도민회를 처음 결성한 그녀의 아들(김행일,1944년생)은 조총련계 은행이었던 '조선은행'에 20년간 재직했다.

"한국에서 한국, 조선을 선택해서 가라는 게 옳은 일이 아니라고 생각해서 계속 고집해서 조선적을 갖고 있었지요. 북조선을 잘 모르지만 내가 한국에 갔을 때 북조선 출신이라고 하면 항상 말이 많았어요. 고향이 북조선이면 권리가 없습니다."

    그는 20년 전 한국을 경유하는 유럽행 비행기 안에서 한국 땅을 처음 보았다. 고국이었지만 조선적이라는 이유로 그는 내릴 수조차 없었다. 비행기 안에서 크게 소리 내어 울었다. '조상님께 인사도 못 올리고 고향인데 내리지도 못했던' 때의 기억이 아직도 선명하게 남아있었다. 이후 오카야마현과 부천시가 자매결연 도시로 정해지면서 처음 한국 땅을 밟게 되었다. 그의 입국심사는 외국인 코너에서 이루어졌다. 그리고 3년 전 '융자가 안 되서' 한국국적을 취득하게 되었다. '한국국적이고 조선적이고 불편함이 없었지만' 융자가 불편해서였다.

이(李)씨 정신을 잃지마라

이보창 (1974년생, 3세, 대구 중구 남산동, 오카야마현 오카야마시 기타구)
이재순 (어머니, 1949년생, 2세, 경북 청송군 현내면 수락리, 오카야마현 오카야마시 기타구)

규슈탄광의 외할아버지

경북 청송 출신의 그의 외할아버지는 일본으로 건너와 규슈 탄광에서 일했다. 어머니는 새벽부터 일을 나가야만 했던 외할아버지의 밥을 정성껏 챙기시던 외할머니의 얘기를 그에게 종종 들려주었다. 누구보다도 성실하게 일한 덕분에 외할아버지는 당당하게 '리어카에 짐을 싣고' 탄광을 나올 수 있었다. '당시 어디서에도 잘 볼 수 없었던 일'이었다.

외할아버지는 자존심도 강하고 완강한 성격을 가진 사람으로 집 안에서만큼은 무조건 한국말을 쓰게 했다. 차별이 두려워 '한국인'임을 감추기도 했던 때였지만 외할아버지의 엄한 교육으로 인해 이모들은 그때껏 '한국말을 읽을 수도 있고 쓸 수'도 있었다. '집안에서 한국말만 쓰던' 그의 어머니가 초등학교 2학년 때의 일이다. 급식시간마다 울면서 '숟가락 숟가락'을 외치던 말을 담임선생님은 알아들을 수가 없었다. 그 일 때문에 그의 이모가 학교에 불려 간 적도 있었다.

"그 당시는 일본이 차별이 아주 심해서 한 발 바깥으로 나가면 내가 한국인이라는 것을 감추고 살아야 되기 때문에 이름도 통명 쓰게 되고 전혀 그런 게 안보이게 살아야했는데 집안에서는 완전히 한국으로 한국말로 살았었죠."

너도 그 십자가를 지고 살아라

그의 어머니는 25살 때 고베에서 오카야마로 와서 아버지를 처음 만났다. 한국에서부터 부자였던 친할아버지는 오사카 니시나리에서 토목관련 사업을 했다. 그러다 전쟁을 피해 오사카에서 시골인 오카야마로 가서 다시 자리를 잡은 것이었다. 가게를 상대로 주류판매업을 하던 아버지는 아들 셋을 둔 이혼남이었다.

독실한 크리스찬이었던 어머니는 '그 또한 나의 십자가'라며 첫 눈에 반한 아버지와의 결혼을 운명으로 받아들였다.

"외할아버지께서 원래 신앙심이 강한 분이시니까 그게 내 십자가다 그런식으로 받아들이고 주어진 거에 대해서 성실하게 받아들이신 분이셨습니다. 저희 어머니께서 전 부인이 낳은 아들 셋을 키우셨잖아요. 그렇게 시집 갈 때 이모가 너도 앞으로는 십자가를 지고 살아가야 된다고 하셨답니다."

재순, 'ZAI'

오카야마 도민회를 만든 큰 아버지(이성호)와 달리 그의 아버지는(이훈) 일본이름(시마모토 카즈와키)을 쓰고 일본 음식을 즐겨하며 거의 일본식으로 살았다. 도자기 모으는 것을 좋아했고, 그림을 사서 집에 걸어두고 취미로 피아노를 쳐주었던 아버지.

어머니와 아버지는 젊고 아름다웠다. 아들만 5명을 둔 어머니였지만 행복했다. 형제들이 모두 장성하자 요리에 관심이 많았던 어머니에게 아버지는 한국식당을 해보라고 권유했다. 어머니의 한국이름 '재순'의 '재'를 따서 'ZAI'라는 이름

을 지어 간판까지 직접 써주었다.

어머니는 한국요리를 한 번도 배운 적이 없지만 결혼 후 까탈스러운 아버지의 입맛을 맞추기 위해서 자연 조미료도 만들어 쓰면서 여러 가지 연구를 하게 되었다. 게다가 외삼촌과 함께 한국을 방문할 때마다 맛있다고 소문 난 전국의 맛집을 찾아다니며 '입맛을 키웠다'.

그렇게 한국을 오가며 발견한 한국요리 레시피는 의외로 간단했다. '짜게 말고 맵게'라는 것. 15년 동안 하던 한국식당은 이제 문을 닫았지만 그의 어머니가 만든 '부추전과 순두부찌개'는 아직도 많은 손님들에게 '이 동네에서 가장 맛있는 음식'으로 남아있다.

대구정 이모

그의 어머니만큼이나 요리솜씨가 좋은 이모는 '대구정'이라는 한국식당을 했다. 이모는 어린 그를 앉혀놓고 한국에 관한 얘기를 자주자주 들려주었다. 그는 이모가 들려주는 한국의 이야기가 좋았다. 초등학교 3학년, 이모가 들려주던 얘기처럼 역사 시간 잠깐씩 나오는 한국이라는 나라는 그를 두근거리게 만들었다.

어머니가 일본인이었던 이복형들은 모두 일본국적이었다. 큰형은 '우파적'이었고, 둘째형은 '싫으면 한국가면 되지 식'이었다. 아버지는 형제들을 앞에 두고

집안에서는 절대 정치적인 얘기를 하지 않았다. 한국에 관한 얘기는 뭐든지 집 안에서는 금기시되었다.

열여덟의 한국, 온돌과 우박

그가 대학교 1학년 때, 유난히 친했던 '한국에서 온 나이든 유학생'이 한 명 있었다. 자신을 재일한국인이라고 소개하자마자 유학생 형은 마치 고향 사람을 만난 것처럼 부둥켜안으며 반가워했다. 일본에서는 '할 수도, 볼 수도 없는' 스킨십이라 더욱 놀랐다. 그렇게 친해진 유학생 형을 따라 그는 처음 한국에 갔다.

2월의 한국은 너무 추웠다. 후끈후끈한 온돌방은 발이 데일 것처럼 뜨거웠지만 하늘에서는 우박이 떨어지는 날씨였다. 그의 첫 한국방문은 마치 '동화 속의 어떤 나라에 온 것처럼' 이상하고 기괴했다. 유학생 형은 집에 들어서자마자 어머니와 얼싸 안은 채 얼굴을 비벼대며 기뻐했다. 그가 살아오면서 한 번도 해보지 못한 뜨거움의 표현이었다. 놀라웠고 또 부러웠다.

이후 그가 한국에서 3년간의 유학을 마치고 돌아갔을 때 일본인 친구들을 만나자마자 덥석 부둥켜안고 인사를 하자 친구들은 모두 기겁을 했다. 자기도 모르는 사이에 한국에서의 '살가운 인사법'이 몸에 배인 것이었다.

보창, 도미테루

어느 날 외삼촌은 대학생이 된 그를 조용히 불렀다. 그때껏 일본이름을 쓰고 있던 그에게 '언제까지 일본 이름을 쓸거냐'며 물어왔다. 그의 일본이름은 시마모또(도본) 도미테루(보창)이다. 아버지가 주류도매업을 했을 때는 '도본주점'이라는 간판을 달았었다.

"외삼촌이 니 언제까지 일본이름 쓸거냐. 이렇게 이야기를 하셨어요. 내가 일본이름 쓰든 한국이름 쓰든 뭔 상관이냐, 나는 나다. 그러면은 본명을 쓰라고 하셨거든요. 제가 할 말이 없었어요. 그래서 내가 몰랐던 것을 좀 공부해야 되겠다 해서 대학교 1학년 때 도서관에서 한국에 관한 책을 많이 읽었어요. 재일교포가 한국에서 일본에 오게 된 역사적인 배경이라든지, 많이 책에서 읽었어요."

그는 지바현에 있는 대학에 진학하게 되면서 처음 부모님 곁을 떠나게 되었다. '한국인'이라는 이유로 방도 빌려주지 않았고, 아르바이트 자리도 주질 않았다. 게다가 대학교 시절 가장 친했던 취업담당교수는 '이'라는 한국이름으로 취직이 힘드니 일본이름으로 취직을 하자며 그를 설득해왔다. 화가 난 그는 그길로 한국행을 결심하고 동국대 정치외교학과 3학년으로 편입했다. 당시 한국어를 거의 할 줄 몰랐던 그를 '동갑친구'들은 알뜰하게 챙겨주었다. 그는 한국에 3년동안 머물렀다.

"제가 대학교 3학년으로 편입을 했거든요. 저희 3학년 친구들은 군대 제대하고 나이가 거의 똑같아요. 74년생, 거의 그 정도였어요. 대학교 들어가면 몇 학번이냐고 학번으로 이게 서열이 정해지잖아요. 근데 니는 재일교포고, 일본에서 왔으니까 그런 거 상관 없이 나이가 똑같으니까 친하게 지내자 해서 그냥 그렇게 동갑친구들이 몇 명 좀 친했죠. 근데 제가 우리말을 거의 못했어요. 수강신청조차 못했는데 그 친구들은 그냥 가만히 있으면 된다고. 그래서 그냥 같이 있었어요. 같이 다니다가 뭐 이제 우리말도 하게 되니까 이야기를 나누게 되었었죠. 근데 처음에 제가 갔을 때는 동국대학교에 재일교포고, 정외과에 오는 사람이 없었어요. 그래서 다 나한테 얘기하는 게 왜 왔어, 넌 일본사람이잖아 이런 식으로 이야기를 하기 시작하는데. 그래서 이렇게 대학교에서 사회학과에 있는 친구들도 재일교포에 대해서 전혀 모르는구나. 그런 걸 많이 느껴서, 앞으로 기회가 있으면 한국에서 재일교포는 이런 배경이 있다는 이야기나 제안을 할 수 있으면 좋겠다. 그 때는 그런 생각을 했어요."

"재일교포이면 일본 사람이다 하는 그런 고정 관념이 조금 달라지면 좋겠어요. 한 사람 한 사람을 알게 되면 그런 말이 안 나올 거거든요. 그러니까 너무 모르는 거예요. 너무 몰라. 뭐 괜찮은 대학교의 정치외교학과나 사회학과 친구들도 모르는 거니까 당연히 모르는 건데. 그 때 막 일본 문화가 한국에 들어오기 시작했고 인터넷으로 다 봤었는데 그래서 자기 나라의 시각에서만 생각할 게 아니라 다른 쪽의 시각으로도 볼 수 있다, 이런 걸 느끼지 않습니까. 예를 들면 일본에서 만든 영화를 보면 일본 사람 입장이 될 수 있지 않습니까, 영화 안에서는 그걸 보면서 그런 제안을 좀 많이 하고, 그 다음에 재일동포가 하는 이야기도 많이 들어주면 좋겠네요. 문제는, 모르는 거죠. 무지이지 않습니까. 그 정도 관심이라도 가졌으면 좋겠다는 생각을 합니다."

그는 통일이 되면 '재일동포'로서 또 '제 3자의 입장'에서 뭔가를 하고 싶어서 '정치외교학과'를 고집했다. 대학 3학년 때 6개월 간 다녀 온 미국유학길에서도 '재일교포에 대해서 너무 모르는' 세상 사람들에게 '재일교포가 어떤 배경을 갖고 있는지' 알려야 되겠다는 결심을 하게 되었다.

"제가 그래서 한국에 가게 된 게 앞으로는 뭔가 통일에 관한 일을 하고 싶었어요. 왜냐면은 언젠가 제가 살아있을 때 아마 통일을 하게 될 텐데, 그 때 내가 그 재일동포라는 제 3자의 입장으로서 뭔가 할 수 있는 게 있을 거다."

서경식의 책과 윤이상의 음악

1년 정도 대학로에 살면서 친구들과 연극도 자주 보러갔다. 그때껏 한국말을 잘 몰랐던 그는 마냥 즐길 수가 없었다. 그날은 친구들과 따로 떨어져 혼자서 무작정 고향인 대구로 가는 새마을호를 탔다. 점심을 먹고 혼자 공원에 앉아있었다.

공원의 조그만 무대 위에서 대학생들이 사물놀이공연을 시작했다. 하늘에 울려 퍼지는 징소리에 그는 아무 이유도 없이 눈물이 났다. 한참을 그렇게 울었다. 그가 25살 때의 일이다.

"나는 왜 여기서 울고 있냐 생각했더니. 그 할아버지가 힘들게 이 땅에서 태어났고, 전쟁이나 여러 가지가 있었고, 일본에 가셔가지고 일본에서 이제 아버지랑 엄마가 태어나고, 만나고, 내가 이렇게 다시 한국에 왔구나 생각하면서, 이상하게 막 눈물이 났어요."

대학생이었던 그는 재일동포 작가 서경식 교수의 책을 보고 크게 감동하여 몰래 가서 수업도 듣고 술자리도 함께 나누었다. 윤이상 선생의 음악을 들을 때에도 그는 항상 '마음이 찢어지는 느낌'을 지울 수가 없었다. 이후 우연히 어머니의 식당에 온 재일동포 가수에게 그의 경험을 털어 놓은 적이 있었다. 재일동포 가수 아라이 에이치는 그에게 '핏줄이 얼마나 진한지 니가 젊어서 아직 모르는 구나'라며 '핏줄은 이해하려고 하는 것이 아니라 그냥 느끼는 것'이라고 말했다. 그는 그저 '스스로 납득하고 싶었던'것이었다.

소통을 위한 젊은 집단, 다이얼로그

한국에서 돌아온 그는 2004년 오카야마에서 유일한 조선학교에서 개최한 축구대회에 참가했다. 지역에서 모인 '남북재일동포, 한국에서 온 유학생, 오카야마 지역주민, 오카야마에 사는 외국인, 대학생'으로 다섯 팀을 만들어 축구시합을 했다. 1,000명이 넘는 많은 사람들이 참여한 행사는 성공적이었다. 그때 많은 얘기들을 나누며 뜻을 모았던 사람들과 함께 소통하고 교류하고자 만든 모임이 '다이얼로그'이다.

"제가 한국에 대해서는 배웠고, 오카야마에 들어왔는데. 또 오카야마에서 다시 조총련애들을 만나게 됐거든요. 그 때 월드컵도 있고 한류붐이 시작했을 때였어요. 그래서 한국은 경제도 좋고 뭐 좋죠. 한편으로 보통 일본 사람이 생각하는 게 저기 조총련은 미사일 문제라던가 좀 골치 아픈 존재다 이렇게 보는 거죠. 그게 어떻게 보면 같은 재일 동폰데 이게 완전히 다르다고 느꼈어요. 그 친구들하

고도 이야기 나누면서 그런 것도 느꼈고, 그래서 그 친구들하고 먼저 우리가 서로 알아야 되지 않습니까. 그래서 그 친구들하고 교류하는 장소를 만들어야 되겠다 해서 다이얼로그라는 모임을 만들었거든요."

2004년 월드컵 경기 때 민단에 모여 함께 경기를 시청하며 한국을 응원했다. 어떤 재일동포는 그때 처음으로 '대한민국'을 소리 내어 외치면서 응원했다고 감격해했다. 도민회는 점점 연령대가 높아지고 있다. '1세가 가졌던 의식을 똑같이 가져갈 수는 없지만 40~50대가 네트워크를 만들어 가야되며', 그는 '그 중심에 청년상공회의소와 같은 젊은 친구들'의 에너지를 결집시키기 위해 노력하고 있었다.

"1세가 갖고 있었던 그런 의식이라던가 그 뜻을 똑같이 가질 순 없지 않습니까. 이렇게 얇아지는 거니까. 그건 어쩔 수 없을 거 같고. 그런데 저와 같이 유학한 친구도 몇 명 있거든요? 걔네들한테 물어보면 또 아무 관심이 없는 것도 아니에요. 뭘 어떻게 자기가 하면 좋을지 잘 몰라서. 그래서 지금 앞으로는 40대, 50대에 그 네트웍을 다시 만들어야 되겠다고 생각하거든요. 근데 민단이나 아니면 그 다음은 어디냐 하면은 한국상공회라고 보거든요. 상공회에서 예를 들면 청년상공회에서는 거의 2세 돈많은 아빠가 있고 그 2세예요. 근데 그 친구들은 별로 관심이 없죠. 사실은 그렇지 않은, 관심이 있는 친구들도 있거든요. 그 친구들에게 좀 이야기를 해갖고 그 민단도 아니고 상공회도 아니고 그냥 도민회라는 것은, 친목회지 않습니까. 그냥 같은 뿌리가 거기에 있다 뿐이지. 그래서 좀 모으기가 더 쉽지 않을까하는 생각도 들어요."

"지금 일본에서 있는 가장 큰 한국계 조직이 민단이지 않습니까. 또 그러면은 민단이 좀 젊은 세대의 니즈를 갖다가, 필요성을 건지고, 그 다음에 그 뭔가를 해야 되는데, 그게 잘 안돼요. 그 친구들이 뭘 생각하는지를, 잡지를 못하는 상태죠."

효고현

-
케미까르 슈즈

-
나는 일본 흙이 됩니다 | 이귀연
새각시 같은 아부지 | 뜨거운 사람, 서복용 | '피카동'(원자폭탄)을 피한 행운
'노리비끼'에서 '라미네이트'까지 | 2,000만 엔을 빚지고 떠난 세계여행
세상의 첫 아들, 세일 | 처음 간 고국에서 곡을 하다 | 경북관광개발공사 투자 5만불
한국사람 습관은 빠지지 않는다 | '한매'와 '머르치' | 파일럿이 될 수 없는 조센진
나는 한국인이지만 고베시민입니다

-
잠수함부대 6년 | 차헌소
고철 3만톤 | 6년, 잠수함으로 살다 | 사람이 신용이다
낮에는 철장사, 밤에는 빠찌코 | 의성, 가난의 몹쓸 기억

케미까르 슈즈 ('케미컬슈즈'의 일본식 발음)

고베시 나카타구를 중심으로 한 지역에는 일본의 대표적인 신발생산거점이 형성되어 있다. 고베항을 통해 수입된 생고무를 원료로 가장 먼저 고무제품을 생산했던 곳이기 때문이다.

이 지역에서 신발제조업에 종사하는 60~70%가 재일동포들이다. 초창기 이들은 자전거 타이어를 뜯어내서 고무신발을 만들기도 했다. 전쟁이 끝나고 고무수입이 어려워지자 미국에서 수입된 염화비닐 등의 재료를 가공해서 신발 생산을 시작했다.

이것이 케미까르 슈즈의 시작이라고 한다.

1995년 일어난 한신대지진으로 인해 고베시의 공장과 건물들은 삽시간에 무너지거나 불타는 참혹한 참사현장으로 바뀌었다.

당시 일본 케미컬슈즈공업조합에 가입한 고베 시내 192개사 중 158개사가 거의 무너지거나 불탔다. 서세일 사장의 'techno flow' 빌딩은 그 지역에서 무너지지 않은 몇 안 되는 건물 중에 하나이다.

나는 일본 흙이 됩니다

이귀연 (1935년생, 2세, 경남 양산시, 효고현 고배시 나가타구)
서세일 (아들, 1961년생, 2세, 경북 김천시 구성면 작내리, 효고현 고베시 나가타구)

새각시 같은 아부지

경남 양산이 고향인 그녀의 아버지(이연호, 1905년생)는 일제강점기 때 일본으로 건너와 토목일을 했다. 제법 시골에 속했던 교토부의 단꼬한토(지금의 교탄고市)에 정착하여 인부 몇 명을 데리고 건설 현장을 다녔다.

딸둘은 고향에서 낳아서 데리고 왔고, 일본에서 7명의 자녀를 더 낳았다. 전쟁이 끝나자 아버지는 가족들과 함께 '농사짓던 것과 일하던 것'을 전부 정리해서 귀국선을 타기위해 마이주르항으로 갔다. 배를 기다리는 며칠 동안 '막내가 생긴 것'을 알게 되었다. 어머니의 건강이 걱정된 아버지는 차마 귀국선을 타지 못했다.

10살이나 차이가 나는 열 번째 막내 동생에게 형제들은 이따금씩 '너 때문에 한국에 못 갔다'는 농담을 하기도 했다. '술 한 잔도 안 먹는 새각시 같은 아부지'는 10남매를 키우면서 고함 한 번 지르지 않았다.

뜨거운 사람, 서복용

그녀의 남편(서복용, 1926년생)은 4형제 중 차남으로 '경북 김천시 구성면 작내리'가 고향이다. 가난한 살림살이로 인해 그가 9살 되는 해에 '공부시켜 주겠다'는 일본의 삼촌 집에 맡겨졌으나 처음 약속과는 달리 고베 상가에서 막노동을 하기도 했다. 15살 무렵 고향을 다니러 갔던 그가 다시 밀항하여 돌아올 때 탔던 조그만 고깃배는 갑작스런 태풍에 휩쓸려 난파되었다. 컴컴한 바다 위를 몇 시간 씩 떠다니다가 떠밀려 도착한 곳은 쓰시마 해변이었다.

어쩔 수 없이 며칠 동안 마을에 숨어 있다가 다시 한국 땅으로 돌아간 그는 그 후 몇 번의 시도 끝에 기타큐슈로 들어올 수 있었다. 그는 어린 나이에도 불구하고 당시 함께 밀항했던 많은 조선인들을 설득하여 안전한 목적지로 이끌기도 했다.

'피카동'(원자폭탄)을 피한 행운

1945년 기타큐슈의 '야마다 제철소'를 비롯하여 남편은 20살 때부터 '몇 십 명의 인부'들을 데리고 다니면서 토목공사를 도맡았다. 그는 열심히 노력하는 만큼

'운도 따르는' 행운의 사나이였다. 원자폭탄이 히로시마에 투하되던 날도 고베에서 출장지인 히로시마로 가는 날짜가 하루 연기되는 바람에 '피카동'을 피할 수 있었다. 토목일을 줄곧 해왔던 남편은 '피카동' 이후 고베에서 새롭게 창업을 하고 터를 마련하게 되었다.

"인생 갈림길마다 아주 좋은 분을 만나셔서 그렇게 성공하셨던 것 같아요."

'노리비끼'에서 '라미네이트'까지

그가 '고베'를 돌아다닐 때 골목골목마다 '부우부우' 하는 요란한 기계음이 들려왔다. 운동화를 만드는 재봉틀 소리였다.

당시 고베시 나가타구를 중심으로 일본 최대의 신발산업단지가 형성되었다. 메이지시대 고베항에 수입된 생고무를 원료로 고무제품을 생산하는 산업이 이 지역을 중심으로 발달했으며 당시 많은 조선인들이 이 일에 종사했다. 그 또한 재봉틀을 배우기 시작하면서 신발 가공에 관심을 갖기 시작했다.

그는 단순히 재봉만 하는 것이 아니라 '신발 밑창에다 생고무와 휘발유를 섞어서 풀칠을 하고 담금질을 하는 기술'을 연마했다. '노리비끼'라고 불리는 기술이었다.

1945년 히로시마에서 고베로 옮겨와서 1949년 공장을 설립할 때까지 빠르게 성장할 수 있었던 이유로는 '베트남 전쟁'을 꼽을 수 있었다. 군수물자의 수출과 더불어 모든 상공업은 수출로 놀라운 흑자를 기록했다. 당시 조카와 함께 운영하던 공장 또한 수출비율이 50%를 웃돌고 있었다. 그는 고심 끝에 수출 의존도를 낮추고, 회사의 핵심기술인 '바른다, 붙인다'를 활용한 사업 세분화에 착수했다. 특히 신발 뿐만 아니라 접착기술을 응용한 '코팅과 라미네이트' 같은 화학공업 분야에까지 이르는 사업 다변화에 주력했다. 이후 수출에 의존했던 많은 기업들은 그의 말대로 줄줄이 도산했다. 그는 '한치 앞'을 내다보는 기업가였다.

2,000만 엔을 빚지고 떠난 세계여행

그녀의 언니가 시집가고 1년도 채 안되어 '잔치거리 조차 없었지만' 남편은 17살 그녀에게 결혼을 재촉했다. 남편은 종종 '9살이나 어렸던 신부'에게 '어릴 적 고생한 얘기를 아주 재미있게' 자주 들려주었지만 그녀가 이해할 수 없었던 얘기가 더 많았다.

남편은 '따뜻함'을 넘어서 '뜨거운' 사람이었다. '태어나서 세계를 한 번 돌아보고 죽어야 된다'던 그의 평소 말대로 '산업시찰단'의 기회는 자연스럽게 찾아왔다. 그는 주저없이 2,000만 엔을 대출해서 떠났다. 1년 정도 세계를 돌아다니는 동안 그녀는 집과 공장을 오가며 가족처럼 지내던 직원들을 '뒷바라지'하기에 바빴다.

"태어나서 세계를 한 번 봐야 자기 소원이라고 세계일주를 해보겠다고 그런 이야기가 있었어요. 그런데 그때 마침 오사카 시찰단 그런 기회가 있어서 한 번 세계일주를 해보고 싶다고 했어요."

세상의 첫 아들, 세일

남편이 세계 일주를 떠난 지 3주 만에 첫 아들을 낳았다. 독일 베를린에 머물 때였다. 마침 그날 아침 남편은 그녀에게 전화를 했고, 첫 아들의 소식을 듣게 되었다. 수화기 너머로 남편은 아들의 이름을 지어 오겠다는 약속을 남겼다. 먼 여행에서 돌아 온 남편은 그녀를 위해 홍콩에서 산 초록색 비취원석과 아들의 이름을 안겨 주었다.

세일, '세상의 첫아들'이며, '세계 일주 중에 일본에서 낳은 첫 번째 아들'이라는 뜻이었다.

처음 간 고국에서 곡을 하다

1958년 남편과 그녀가 결혼 이후 처음 고향을 방문했을 때의 일이다. 한일 수교 전이라 영사관도 없던 시절, 공연을 위한 악단의 일행으로 수속을 하고서야 겨우 한국에 들어갈 수 있었다. 병중인 시아버지의 소식을 듣고 수속을 밟았지만 6개월이나 걸렸다. 결국 고향집에 차려진 시아버지의 빈소 앞에서 그녀는 처음 인사를 올리게 되었다. 난생 처음 한국에 온 그녀는 거친 새끼줄과 삼베로 만든 굴건제복을 갖춰 입은 상주들이 장승처럼 서서 곡을 하는 모습을 처음 보았다. 시댁의 친척들은 마당에서 떠들다가도 상주들의 곡소리가 높아지면 다시 이곳저곳에서 흐느꼈다. 그녀도 지팡이까지 짚어가며 상여를 뒤따랐다. 친척들은 한국말을 곧잘 했던 그녀를 칭찬했다. 모두 친정어머니 덕분이었다.

"저희를 데리고 처음 갔을 때 아버님 돌아가셔서 빈소가 있었거든요. 그래서 그 미국부대에 있던 서울 여의도 변이장에 내려가지고 그 몸 조사까지 다하고 짐을 모두 다 열어보고 했는데 그래도 잘 가서 서울서 밤차 열차 타고 김천까지 갔는데 새벽 3시 조금 못 되어서 도착했지 싶어요. 밤새도록 그때는 열차타고 갔는데 열차가 가면 불이 꺼지고 열차가 멈추면 불이 켜지던 그런 시대였어요. 그래서 김천역전에서 지게꾼 있잖아요. 지게꾼에 짐을 지어가지고 우리 큰시누형님이 김천시에 있었거든요. 거기까지 걸어서 애 손잡고 가가지고 새벽에 도착하니까 모두 다 놀랬죠, 간다는 말은 안 하고 그냥 갔으니까. 그날 아침이 음력으로 추석날 아침이었어요. 그래서 거기에서 택시에서 조금 눈 붙이고. 옛날에 문도 떨어져서 없는 그런 지프차 택시에 타서 시골까지 들어갔는데 아버님 그때 돌아가셔서 빈소에 계시고 바로 가서 곡하고 산소까지 갔다 왔어요. 상복입고 지팡이 들고 산 위까지 올라갔다 왔어요."

경북관광개발공사 투자 5만불

1975년 당시 '1불이 360엔'이었던 때, 그는 '5만 불'이라는 큰 돈을 경북관광개발공사에 투자했다. 아내의 걱정하는 소리에 '택시기사를 해서라도 먹여 살릴 테니 걱정마라'며 그녀의 말문을 막았다.

일본에서의 초등학교 교육이 전부였던 그는 특히 교육에 관심이 많았다. 한국학원 이사장으로도 오래 재직했으며, 고향인 김천 구성면에 있는 방산초등학교와 지례 중고등학교, 구성중학교 등을 설립하기 위한 부지도 기증했다. 1979년 그 공을 인정받아 동백장을 수여받았다.

"무엇이든지 한국에 대해서 고향에 대한 망향의 마음, 그런 것도 아주 열심히 하셨고 조카들도 모두 다 공부도 다 시키고 학비 다 해가지고 줬죠. 그런데 그런 것은 저도 아무 의심 없이 해준다는 것은 협력하는 것은 별로 힘썼다고 그렇게 생각 안 합니다. 꾸준히 그리고 지금 조카들이 다 잘 살고 있어요. 돌아가서도 작은 아버지 덕분에 공부도 하고 우리가 지금 이렇게 사는 것은 작은엄마, 아버지 덕분입니다. 그런 이야기를 들으면 아, 내가 고생한 보람이 있는가 그렇게 생각하고 아주 마음이 좋아요."

한국사람 습관은 빠지지 않는다

그녀는 '자식들이 살고 있는' 일본에 친정 부모님들의 산소를 두었다. 성묘를 위해 매달 '고베시 뉴타운'을 찾는 그녀는 '한국으로 들어오라는' 시댁 친척들에게 '일본 흙이 된다'고 잘라 말했다. 자식들이 없는 한국땅은 의미가 없었다. 일본에서 '나고 자란' 그녀는 이제 어디에도 갈 수 없다. 이 땅이 비록 아픈 고통의 시간을 주기도 했지만 80년을 살아온 곳이기 때문이다. 한국을 오가면서 그녀는 새삼 자신이 '불쌍하다'고 느낄 때가 있다. 오랫동안 일본에 살았지만 '한국사람 습관은 빠지지 않는' 자신의 모습을 보며 어디에도 속하지 못하는 처지가 안됐기도 하여 종종 머릿속이 복잡해지곤 했다. '마음'이라는 단어를 가장 좋아하는 그녀는 '과거의 모든 시간과 그 시간 속의 마음들을 현재에 응축'하고 있었다.

"제가 일본사람도 아니고 한국사람도 아니고 어느 나라 사람인지 모르겠는데 그런 마음을 느껴요. 한국 갈 때마다 비행기 안에 앉아서 내가 한국사람도 아니고 일본사람도 아니고 참말로 불쌍하다 싶을 때가 있어요. 근데 한국에 가도 한국사람은 한국말 이야기도 하고 하지만 재일교포죠. 그리고 일본에 있어도 우리가 일본식 습관으로 생활을 해도 한국사람 습관은 안 빠지거든요. 피는 피잖아요. 근데 그것을 생각하면 좀 마음이 아플 때가 있어요. 그럴 때는 너무 마음이 아파요."

"나이 지금 81년 살아왔지만 거기다가 전부 다 그 안에 응축 되어 있잖아요. 고생해도 내가 고생했다는 그런 느낌이 없어요. 그렇게 살아도 오히려 그립다고 내가 고생했다고 하는 그런 마음이 없어요. 지금 마음 편안하게 이렇게 사는 것이 모두 과거의 지난 시간이 지금 그래서 여기에 딱 모여있다. 81년을 살아도 그래도 많이 쭈그러지지 않고 이 모양으로 살 수 있는 것은 고마워요. 그렇게 생각하고 있어요. 언제 80이 넘었는가 모르겠어요. 마음은 아직까지 애들하고 별로 차이가 없어요."

'한매'와 '며르치'

　세상의 첫 아들, '세일'이 기억하는 '한국'은 화장실도 '마당 건너 멀리' 바깥에 있는 산골짜기의 풍경이다. 1987년 남편은 국민학교 2학년이었던 아들에게 '한국말을 배우고 오라'며 1년 반 동안 친척 집에 머물게 했다. 친척이라고 소개를 받았지만 '말이 통하지 않으니 전혀 모르는 사람들 속에 혼자 있는 기분'이었다.

　25살이 되어 한국어도 제법 공부했던 그는 다시 한 번 고향에 갔다. 그가 국민학교 때 일본으로 와서 7개월 정도를 함께 지냈던 친할머니는 너무 나이가 들어 대화조차 힘들었다. 그제서야 겨우 몇 마디 한국말을 하게 된 손주와 이미 너무 늙어버린 할머니는 또 그렇게 쓸쓸히 헤어졌다. 유일하게 주고 받던 말은 '한매'와 '며르치'였다.

파일럿이 될 수 없는 조센진

사업차 출장이 많았던 남편은 아들을 꼭 함께 데리고 다녔다. 그는 국민학교 때부터 기차도 타고 비행기도 타면서 일본 전 지역과 세계 각국을 여행했다. 자연스럽게 비행기에 대해 관심이 생겼다. '비행기를 탔을 때의 감각이나 냄새도 좋았고', 땅 위를 걷고, 물 속을 헤엄칠 수 있는 인간이 유독 할 수 없는 '하늘을 나는 것'에 대한 매력이 그를 사로잡았다.

그는 중학교 2학년 때 '비행기 조종사'의 꿈을 꾸기 시작했다. 그러나 한국인

은 항공대에 갈 수 없다는 것을 알고 방황하기 시작했다.

'엄격하고 완강한' 남편의 요구대로 원하지도 않은 경영학부 대학에 들어 간 아들은 공부도 하지 않고 놀지도 않았다. 대학을 졸업하면 '가족을 다 버리고 혼자 미국에 가서 한국사람이 되겠다'는 생각을 하기도 했다. 위태위태한 청년기였다.

그러던 중 친구의 제안으로 미국으로 유학을 가게 되었다. 20대의 아들은 매우 부정적인 청년이었다. 엄격한 남편으로부터 사사건건 '늘 안된다'는 말만 듣고 자란 탓도 있었다. '살 집도 없고' 모든 것이 막막했던 미국에서 하나 둘 씩 쌓이는 성공의 경험들은 그를 점차 새롭게 바꾸어 놓았다. 그는 용기를 내어 파일럿의 꿈에 다시 도전했고, 힘든 유학생활을 하면서도 '조종사 면허증'을 땄다.

돌이켜보면 그녀의 아들이 비행기에 대해 관심을 갖게 된 계기도 남편 때문이었다. 그리고 비행기를 버리고 다시 돌아온 것도 남편과의 약속 때문이었다. 사랑의 표현에 그리 익숙하지 않고 단지 방법이 좀 달랐던 남편은 아들의 인생에서 가장 중요한 '나침반'이었다.

나는 한국인이지만 고베시민입니다

"조국은 한국이고 모국은 일본, 핏줄은 한국인이다. 그래서 둘 다 발전 했으면 좋겠다. 그것은 국민이 아니고 시민으로서의 바람이다."

우리가 흔히 비유하는 '한일 경기'는 그에게 '미국의 리그전'과 같은 느낌이다. '북한과 일본의 경기'에서 그는 일본을 응원했고, 그의 한국인 친구는 '같은 핏줄이라며' 북한을 응원했다. 그의 가족들은 모두 한국국적을 가지고 있다. '국적 보다는 원천이 어디인지'가 더욱 중요하다. '한국에 원천을 가진 사람'이면서도 '국적은 일본 국적으로 당당히 설 수 있는 자세'가 그가 바라는 가장 이상적인 세계시민이다.

그가 시민으로서 고베시에 내고 있는 세금은 직접적으로 한국에 도움을 주지는 않지만 삼성과 같은 한국기업과 거래를 함으로써 간접적으로나마 그 역할을 하고 있다는 것이다. 그는 대학졸업장을 본명인 서세일로 받았다.

"국제화에 있어서 이제는 국적도 국경도 상관없다. 문화의 차이를 인정을 하는 것이 가장 중요하다. 각각의 문화 차이를 서로 이해를 하면서 그것을 토대로 서로 협력하는 것. 그것이 어디를 가서든 기본적인 생각이어야 한다. 문화 차이를 인정하고 존중해야 그 다음에 뭔가를 함께 할 수 있는 것이다."

잠수함부대 6년

차헌소 (1945년생, 2세, 경북 의성군 단밀면 서재리, 효고현 히메지시 시카마구)

고철 3만톤

그의 아버지(차경태)는 경북 의성군 단밀면 서재리가 고향이다. 1945년 해방이 되는 해 돈벌이를 위해 건너간 일본에서 아버지는 2년간 모포장사를 했다. 제법 많은 돈을 모아서 고국으로 돌아와 대구 수성구에 터를 잡았다. 그것도 잠시, 친구로 부터 사기를 당해 집도 몰수당하고 준비했던 장사 기반까지도 모두 빼앗기고 말았다.

몹시 좌절했던 아버지는 급기야 다시 혼자서 일본으로 갔다. 그렇게 20년이 지나고 아버지는 막내인 그를 불러들였다. 1965년 당시 한국은 한창 새마을운동을 하고 경지정리를 하고 있을 때였다.

"매형하고 누나 둘이하고 누이하고 너이 거 남가놓고, 내 혼차 들어왔지예."

20살까지 '의성 단밀에서 농사짓고 산에 나무하러 다녔던' 그는 일본에 도착하자마자 아버지와 함께 '철장사'를 했다. 아침 6시에 나가면 깜깜해질 때까지 시내 구석구석을 돌아다니며 고철을 주워 모았다. 당뇨가 있던 아버지가 입원까지 하게 되자 도와주는 이 하나 없이 그는 혼자 4년 동안 고군분투했다. 작업량은 3백 톤에서 3만 톤으로 증가했다. 당시 3만 톤은 상상할 수 조차 없는 엄청난 양이었다. 옳은 기계 하나 없이 모든 것을 수작업해야만 했던 때였다.

"그때는 큰 호미 있잖아요. 그걸로 다 깨가지고 했던 시절이었기 때문에 굴삭기가 없었고. 프로브 만드는 것도 초벌로 하기 없거든. 거카이끼네 수금푸 같은 걸로 해야 돼. 바로 하는 건 다 해봤으오."

6년, 잠수함으로 살다

1965년 아버지의 부름을 받고 혼자서 '밀항타고' 들어온 그는 불법입국자로 몇 년 동안 쫓기면서 떠도는 신세였다. '등록 안 된' 그는 아버지의 공장 일을 돕

다가도 단속을 피해 또 도망을 가야했다. 숨어 다니면서도 '철일'은 해야만 했다.
'결혼을 해야만 등록을 해 준다'는 말에 오사카와 고베를 오가며 하루 3~4군데 선을 보러 다녔다. 등록증이 없다는 말에 하루에도 몇 번 씩 퇴짜를 맞는 일이 여사였다. 1969년에 그는 드디어 '밀항자'로 오사카에 사는 재일동포와 결혼했다. 1970년 첫 딸을 낳고 자수를 하고서야 그 이듬해 등록증이 나왔다.

"일본 전국 다 쫓아 댕기고, 일로 내뺐다가 동경 갔다가 오사카 갔다가 큐슈 갔다가 안 해봤는 일이 없습니다. 제철소가 있는 데는 전부 다 댕겼지요. 그니께 벌로 못 댕기지요."

"아니 그래가지고 및나(몇명) 아는 사람이 붙여가지고 아버지하고 내하고 같이 가가지고 선보라 했는데 그 자리에서 대답을 하라는 기라요. 허가를 내라. 언제라도 나하고는 안한다고 때려치우고 때려치우고 하이끼네. 정말로 결혼을 하기 싫었어요. 결혼을 해야 등록을 할 수 있다고 해가지고. 내보다 아부지가 아세레 해가지고 했지요."

사람이 신용이다

20년 동안 일본에서 살았던 아버지는 여러 가지 사정으로 인해 또 다른 가정을 꾸리고 살고 있었다. 그의 아내에게 고된 시집살이까지 시켰던 '마산 출신의 서모'는 아버지가 돌아가시자마자 6명의 자식들과 함께 유언장을 바꿔서 그를 내쫓았다.

공장의 모든 현장일과 행정일까지 맡아서 처리하고 있던 그는 생전의 아버지와 함께 공들여 키워 놓은 공장을 2년 6개월간 돌봐주고 빈 몸으로 그곳을 떠나왔다. 10년 동안 꼼꼼하게 장부를 기록하며 행정을 처리하던 모습을 기억하고 있던 은행이나 지인들은 나중에 그가 독립하자 서로 도움을 주겠다고 나섰다. 무엇보다도 그가 보여준 신용이 가장 큰 밑천이 되었던 것이다.

낮에는 철장사, 밤에는 빠친코

1980년대 그는 독립하여 '가장 빨리 현금을 모을 수 있는' 빠친코 사업부터 시작했다. 가코가와에서 시작한 '317대의 빠친코 기계'는 명절이 있는 달에는 4~5천만 엔씩 수입이 났다. 당시 한국의 좋은 집 한 채가 2천만 원 하던 시절이었다. 대구에 있던 누나들에게도 집을 한 채씩 사주었다. 그는 빠친코 사업과 거의 동시에 원래부터 더 하고 싶어했던 철사업을 곧바로 시작했다. 낮에는 철장사를 하고 밤에는 빠친코 가게를 보면서 잠이 들었다.

"철 장사는 밑천인데 해야지. 손해만 안 보면."

"30년동안 철장사를 해가면서 양쪽으로 했지요. 그래 이제 빠칭코는 싫어도 굉장히 몰라가지고 낮에 철 장사를 하고 저녁에 시간이 있으면 원체 빠칭코 가가 12시 넘어와 잤어요. 아침이 오면 6시되면 나가야 되고. 그래 사람 몸이, 저 가코와 있을 때도 아버지 회사 있을 때도, 아침에 5시 되면 회사 나가 가지고 짐 실어요. 혼자서 사람이 없어가지고. 그리고 저녁에는 언제라도 손님 대접 해야지."

의성, 가난의 몹쓸 기억

일본으로 떠난 지 20년 만에 그가 다시 고향을 찾았을 때 마을에서는 잔치를 벌였다. 그가 어렸을 적 '설움을 많이 줬던 상노인들'도 그에게 막걸리를 권했다. 제대로 먹지도 못하고 가난에 짓눌린 채 살아가야 했던 어린 시절, 모두가 어렵고 못 살았던 때라 인심은 더욱 야박했다. 인사 한 번 제대로 받아 주지 않았던 동네 노인도 그 자리에 나와 있었다. 그는 20년 만에 돌아 온 고향에서 어릴 적 속으로 삼켜야만 했던 묵은 상처들을 막걸리 한 잔으로 비워냈다. 이후 고향에서 부탁해 오는 일은 마다하지 않고 달려와 해결해 주었다. 또한 고향의 면사무소와 경찰서에 부지를 기부하기도 했다.

"앉아가지고 저 상노인이 얘기하는 기, 자네 여 있을 때 우리가 설움을 많이 줬는데 그 설움 줬는 거 생각도 안 하고 여 오이끼네 일본 가 잘 됐다 카면서 술을 내주이끼네 목이 안 넘어간다. 니가 젊어도 자네가 어른이다 이카면서 나 한 잔 먹으면 먹겠다 술 안 댄다 캤어요. 내가 한 잔 해드리니까 다음에 끝에 한 돌라카이끼네 그럼 꼭 마실랑가 이래요. 마셨지요. 막걸리. 그 할배들 쭉 앉았는데. 늦게 한 잔 하면 먹을랑가? 먹겠습니다. 노인네들 자기들이 설움 줬는 거 잘 알아요. 우리가 못 살 때 시골엔 사람들 설움 많이 주잖아요."

오사카부

이쿠노구 코리아 타운

구두 밑창에 숨겨서 몇 번을 날랐던 100만엔 | 김창식

포수와 야미고메 | 20대에 노송나무 집을 짓다 | 내 원천은 60만 엔 | 구두 밑창, 100만 엔
외양간인지 사람사는 집인지 구분이 힘들었던 고향 | 장사수완이 닮은 막내 | 3만 명이 모인 하나마쯔리

스끄라푸, 쇠밥, 오사카 박 | 박재길

탁배기 한 잔에 아리랑 | 100만 엔을 대출해서 고향으로 간 아버지 | 16살 기계배달부 | 1승1패1무
결혼자금 300만 엔 | 마을 방송, 박씨가 왔어요 | '스끄라푸'에서 '정밀가공', 이하라 공업사
그로발 마인드, 박 파스피쿠(Pacific)

발음할 줄도 몰랐던 한국이름 '곽진웅' | 곽진웅

동생은 민단, 형은 조총련 | 두 가지 얼굴을 가진 사람 | 교육실습생 유선생님 | 자연스러운 하나의 인간
발음할 줄도 몰랐던 한국이름 '곽진웅' | 코리아 NGO센터 | 가족여행을 갈 수 없는 가족

쌀집 데찌 아들과 양조장집 귀딸 | 강상훈·진춘자

이발사가 된 쌀집 데찌 | '씨가 단절된다', 골짜기에 숨겨놓은 3형제
10년 걸려 졸업한 통신고등학교 | 함양읍 양조장집 귀딸 | 동창생이 번역해 준 9개월 연애편지
비밀의 언어 | 70년 넘은 가게, 크로바 이발소

내 인생이 달이다 | 최월숙

다다미 밑에 떼돈 | 아버지, 씨만 남겨 준 사람 | 마요네즈밥 | 우리학교 조선학교
버블 시대, 물새는 운동화 | 조선적 이력서 | 웬수같은 왜놈 남편
우주인이 하는 말 | 뿌리가 없는 나무 | 월숙, 달처럼 세상을 훤히 밝혀라

이쿠노구 코리아타운

 1910년대 일제 강점기로부터 1945년 해방 이후 잔류한 조선인과 그 후손들에 의해 형성된 대표적인 올드커머 집거지이다.
 조선인촌에서 조선시장, 그리고 조선시장에서 코리아타운으로, 코리아타운에서 다시 다문화공생의 장으로 시간의 흐름에 따라 공간의 성격이 차츰 바뀌었다. 그러므로 지역민과 함께 오랜 세월 동안 관계를 형성하게 되었다.
 차별과 가난에 시달리던 상황에서 형성된 조선인촌은 조선인의 민족성과 문화가 응집된 공간이면서 서로의 네트워크를 통해 고국과 연결된 고향과 같은 공간이었다.
 이쿠노구의 시작은 원래 재래시장이었다. 본래는 동포들을 상대로 옷이나 김치를 파는 장사였으며 관혼상제나 제사 등에 사용되는 식재료를 공급하던 시장의 역할이 여전히 강하게 남아있기 때문에 주요 고객층이 비교적 고정적이다. 1990년대 들어 급속하게 늘어난 외국인 노동자와 다문화 공생사회라는 일본 국내상황에 따라 자연스럽게 코리아타운은 일본시민사회를 중심으로 '다문화 체험공간'으로 거듭나게 되었다.
코리아 타운은 이제 더 이상 고립된 '조선인 동네'가 아니라 고유한 가치를 간직한 다문화의 전시장이자 체험장이며 '다문화 일본'을 실감하는 현장이다

구두 밑창에 숨겨서 몇 번을 나눠 날랐던 100만 엔

김창식 (1937년생, 2세, 경북 군위군 군위읍 광현리, 오사카부 오사카시)

포수와 야미고메

1930년 경북 군위(전, 의성군 금성면 광현3동)가 고향인 아버지(김궁칠,1891년생)는 고로면의 어머니(박필조,1901년생)와 결혼 후 일본으로 먼저 건너왔다. 아버지는 나라현 요시노구를 거쳐 가와카미 댐공사에 참여했다. 5년 후 어머니가 따라 들어왔다. 해방된 다음 해에 아버지는 가족들을 데리고 다시 귀국선을 타기 위해 '이타미'로 갔지만 결국 돌아가지 못했다.

조선 땅에서 아버지는 포수였다. 외동이었던 아버지는 고생도 없이 풍채도 좋고 놀기도 좋아했던 한량이었다. '밤늦도록 주막에서 놀다가 말을 타고 마을 입구까지 와서는' 마을 사람들이 들을까봐 '말방울을 떼고' 소리 내지 않고 들어오곤 했다.

"할배, 할매가 아들이 하나니까 고생도 모르고 늘 주막으로 말 타고 놀러 다니고, 우리 아버지가 말 타고 마을 입구에 들어와서는 방울을 떠어가지고 넣고 마을 사람들이 그 소리를 듣고 그 아들 지금 들어 온다하며 그것을 속이려고 그 이야기를 하더라고요."

1935년 일본으로 들어 온 어머니는 단속을 피해 효고에서 오사카까지 다니며 '야미고메(암쌀장사)'를 하고, 아버지는 강가에서 자갈이나 모래를 채취해서 팔았다. 고된 노동에 시달렸던 아버지는 결국 그가 19살이 되던 해에 돌아가셨다. 아버지가 마흔 가까이서 본 외동아들인 그와 어머니는 단둘이서 일본 땅에서 살아가야 했다.

20대에 노송나무 집을 짓다

아버지가 돌아가시고 그는 닥치는 대로 일했다. 가스회사의 하청공사도 하고, 자전거 수리점에서 일을 하면서 돈을 모았다. 22살 되던 해에 드디어 집을 짓게 되었다. 그는 '비가 올 때마다 다다다다 소리가 나던 함석 지붕'이 있는 집이 너

무 싫었다. 노송나무에다 기와를 얹은 집을 지으면서 동포들 사이에서 그의 소문이 크게 퍼졌다.

"일본에서는 노송나무로 된 집은 비싸서 아무나 지을 수 있는 게 아니지. 근데 스물두 살 젊은이가 기와집에다가 노송나무로 집을 지었다. 아주 좋은 걸 했다. 한국 사람 젊은 놈이 성공했네. 그렇게 소문이 났지."

내 원천은 60만 엔

20대부터 집안의 생계를 담당하고 있던 그에게 어머니는 장사밑천으로 '60만 엔'이라는 돈을 쥐어 주었다. 그때껏 어머니가 모아 온 돈이었다.

그는 안정적으로 장사를 하기위한 고정 수입원을 마련하기 위해 대출한 돈을  더 보태서 부동산업에 뛰어들었다. 거기다 1959년 이후에는 빠찐코 영업으로 번 돈으로 택시회사까지 인수하게 되었다.

당시 일본 세무서에서는 '김일성 빠찐코'라 해서 '조총련계 빠찐코'에서 벌어들인 돈은 모두 북한의 공작금으로 들어간다는 터무니없는 이유로 시도 때도 없이 재일조선인들의 빠찌꼬 영업장을 조사했다. 그래도 경기가 좋았던 빠찌꼬 영업은 하루에 5백만 엔을 벌어들이기도 했다.

그는 가끔씩 친구들에게 자신이 '원가 60만 엔'이었던 사람이라고 말하곤 한다. 그 60만 엔의 자산은 현재 '30억 엔'이 되었다.

"하루 동안 5천만 원 그렇지만 그것도 오래 안 가네. 좋을 때가 그런 시대가 있었지. 그렇게 해놓으니까 일본에서도 김일성 빠찌꼬라고 몇 번 이야기가 있었어. 그 돈을 이북에 김일성이 빠찌꼬 해서 그래서 세무서가 빠찌꼬를 조사해서 그렇게 하니까 조총련 빠찌꼬만 조사할 수 없는 거 아니에요. 민단사람들도 하니까 빠찌꼬도 뭐 재미가 없어요. 적금 한 달에 다 해나갈 수 없고 옛날이야기네."

구두 밑창, 100만 엔

아버지의 고향이나 어머니의 고향 친척들은 모두가 힘들게 살고 있었다. 외동이었던 아버지에게는 그나마 '오촌'이 되는 친척이라도 찾을 수 있었다. 안타까운 마음에 고향을 방문할 때마다 '논밭'을 사주었다. 어느덧 세월이 흘러 농촌의 젊은이들은 모두 도시로 떠나가고 더 이상 농사지을 사람이 없다며 오촌은 '또 논밭을 사 주겠다'는 그에게 손사래를 쳤다. 그때서야 '한국농촌도 많이 변해가는' 것을 알게 되었다.

외동인 아버지와는 달리 어머니에게는 두 명의 오빠가 있었다. 어머

니는 한쪽 다리가 불편했던 작은 오빠를 항상 걱정했다.

그가 한창 민단활동을 하던 20대 무렵 어머니는 작은 삼촌에게 갖다 주라며 자주 돈심부름을 시켰다. 어느 해는 어머니가 가지고 들어 간 돈이 모자란다며 다시 그를 불러 들였다. '돈을 뺏기는 것'보다 '반공법으로 붙잡혀 갈 까봐' 무서웠던 때였다. 조금씩 나눈 돈을 '몸에도 숨기고, 구두 밑창에도 숨겨서' 들어왔다. 1960년대 후반 그렇게 몇 번을 나눠서 '100만 엔'을 갖다 날랐다.

"돈 뺏기는 건 괜찮아. 한국에 반공법이 있어서 돈 갖고 있으면 조금 잘못하면 이북에 운동 안했나 그때는 우리들 듣기는 한국은 법이 없고 막 잡아가지고, 그 당시에 한국 반공법 때문에 붙잡혀 간다고 소문이 나서 그게 무서웠어."

어머니가 지극 정성으로 위해주었던 작은 삼촌은 다행히 자식들과 함께 시작한 '복숭아즙' 사업을 성공시켰다. 마을 사람들은 그 후 오랫동안 '어깨에 돈을 짊어지고 나타난 덩치 큰 일본친척'이 불쌍한 그들을 도와 줬다고 수군거렸다.

외양간인지 사람사는 집인지 구분이 힘들었던 고향

'꿈만 같은' 노송나무 집을 다 지어놓고 어머니와 함께 처음 고향을 방문했다. 한일수교가 정식으로 되지도 않았을 때였으며 조선적을 가진 그의 입국은 매우 까다로운 절차가 필요했다. 20대의 그는 '고향이 어떤 곳인가, 산이, 하늘이 어떤

가 보고 싶다'는 생각이 간절했었다.

도쿄에서 서울로, 서울에서 대구로, 대구에서 또 경북 군위까지 길고 긴 여정이었다. 1960년대 창 밖으로 스쳐 지나가는 시골의 풍경은 '외양간인지 사람 사는 집인지' 구분이 힘들 정도였다. 당시 한국과 일본을 자

주 오갔던 그는 고향을 위해서 뭔가를 해야겠다고 다짐했다.

새마을 운동이 한창이었던 1973년 그는 전등도 아직 없던 깜깜한 고향마을에 전기시설을 해주고 싶었다. 마을 어른들은 전기세를 걱정하며 길을 만들어 달라고 부탁했고, 당시 200만 엔을 들여 길도 넓히고 포장도 하고, '징검다리' 대신 다리도 놓았다.

"다리를 한 몇 군데 만들었죠. 만들어서 그 뒤에 콘크리트 포장하니까 그때 의성에서 교포 2세가 길을 만들어주는데 가만 있어서 되겠나 해서 전기는 나라에서 이어줬죠."

장사수완이 닮은 막내

1955년 재일 조선인과 결혼 한 그는 4남2녀를 두었다. 17명의 손주와 증손주도 5명이나 된다. 외동으로 외롭게 자란 아버지와 그의 한을 풀기라도 하듯 대가족을 이루었다.

두 딸은 한국학교와 일본학교를 나누어 보냈다. '민족교육과 일본교육'을 눈

으로 직접 확인하고 싶었다. 둘째 아들은 사업상 자주 문제가 되는 세금문제를 해결하기 위해 세무사가 되었다. 한때 일본 세무소는 '조선인 상공회를 그만 두면 세무조사를 안하겠다'며 그를 협박하기도 했다. 막내아들은 1974년부터 시작한 이케다 택시회사에서 대학 때부터 아르바이트를 하며 경영수업을 했다. '일본 버블이 터지고' 헐값에 나온 골프장을 인수한 막내는 그의 기막힌 장사수완을 물려받았다.

3만 명이 모인 하나마쯔리

'고향은 가도 가도 또 가고 싶고, 친척 만나고 한국 갈 때 겁나고, 들어올 때는 비행기 타면 안심이 되던' 시절을 보냈다. 그가 40대 무렵 민단기업의 단장으로부터 '한 달에 한 번만 민단 사무실로 놀러오라'고 제안을 받았다. 그렇게 처음 민단에 발을 들여 놓은 그는 점점 더 민단활동의 필요성을 실감하고 조직적인 활동을 펼쳐나갔다.

오사카 본부 감찰위원장과 단장 등을 역임하면서 '3만 명이 결집한 하나마쯔리' 등 여러 가지 사업을 성공시켰다. 그는 2014년도 뛰어난 공훈을 인정받아 1등급 무궁화장을 수여받았다.

"같은 민족이니까 우리가 민단 조총련 관계없이 행사를 같이 하자 그렇게 조총련 오사카 위원장한테도 제의를 한 하나마쯔리 같은 경우는 3만 명 사람들이 모였어요. 일본에서 민단과 조총련이 서로 화합을 하고 사이좋게 화합하고자 여러가지 노력도 있었고 그렇게 출발을 했는데 그러던 참에 북한에서 납치 문제가 터졌어요. 대포도 자꾸 발사하고 그래서 이건 안 되겠다. 이건 아니다 싶어서 일본에서만큼은 그렇게 화합을 하려고 시도를 했는데 왠지 북한쪽이 그것을 안 되게 하는 쪽으로 가니까 이건 안 되겠다 하면서 이제는 접었지요. 그게 지금도 많이 아쉬운 부분입니다."

스끄라푸, 쇠밥, 오사카 박

박재길 (1943년생, 2세, 경북 청도군 풍각면 흑석리, 효고현 야오시)

탁배기 한 잔에 아리랑

경북 청도군 풍각면 흑석리가 고향인 그의 아버지(박대희,1909년생)는 19살 때 일본 시모노세키로 옮겨왔다. 당시 일본이 '조선'을 병합한 시기였으니 그때 아버지는 내지였던 영토 안에서의 이동이었다.

'잘 나가는 명가집 아씨'였던 어머니(서출이,1910년생)와 결혼한 아버지는 1927년부터 '교토 우메즈'에서 직물 염색일을 했지만 10년 정도 후 '오사카부 야오시'에 정착하면서 마차를 끌며 수송업을 했다. '야오'에서 그가 태어나고 몇 년이 지나자 고국에서는 해방을 맞았다. 그러나 가난한 아버지는 돌아갈 수 없었다. 돌아갈 수 없는 고향은 오롯이 한으로 남았다. 그의 기억 속에 아버지는 언제나 술에 취해 있었으며 '한풀이'를 하듯 어머니에게 폭력을 일삼았다.

술과 도박으로 결국 생계수단인 말(馬)까지 빼앗겨버린 아버지는 길거리에서 폐철을 줍는 '스끄라푸'일을 시작했다. 아무리 일을 해도 형편은 나아지질 않았다. 일은 더욱 고되었으며, 아버지는 날이 갈수록 취해만 갔다.

어린 그는 주전자를 들고 종종 술심부름을 다녔다. '탁배기' 주전자를 앞에 놓고 멍하니 달을 쳐다보던 아버지, 그때마다 문 밖으로 아리고 아린 조선의 노랫가락이 흘러나왔다.

"아버지가 가장이면 우리 식구를 지켜야지 맨날맨날 술 먹고 술만 먹으면 창문을 열고요 큰 소리로 한국노래 부르시고요 그때는 주변에 일본사람도 사는데 술 취하고 한국노래 부르고 하면 챙피하기 그지 없다고. 큰 도로에서 그냥 그렇게 누워있으니까 주변사람들이 동네사람들이 위험하니까 챙피하고 술만 마시면 완전 사람이 바뀐다고."

100만 엔을 대출해서 고향으로 간 아버지

돈이 조금이라도 모아지면 아버지는 짐을 싸서 고향에 있는 동생들을 만나러 갔다. 그때마다 '한가득 모아 둔 헌옷들'을 가져가서 팔고 오기도 했다. 그렇게 한국을 오가던 중 1965년 한국정부는 일본과 정식으로 수교했다. 그 과정에서 한국 정부는 구체적으로는 '국민등록'이라는 절차를 통해 한국 국적을 명확하게 취득한 자에게만 여권을 발급해주었다. 친척방문이나 유학을 목적으로 한 한국 입국을 인정하는 절차였다

한일합방 이후 '일본인'으로 간주되었던 재일조선인들은 1947년 '재일조선인을 외국인으로 간주한다는 외국인등록령'이 선포되면서 당시 대다수의 재일조선인은 '조선적'으로 신고하게 되었다.

1965년 한일조약은 그때껏 '조선적'으로 살아왔던 아버지에게 '한국국적'을 강요했다. 아버지는 자신은 물론이거니와 자식들에게도 국적을 바꾸라고 했다. 자식들은 '조선적'으로 남고 싶었다. 사소한 말다툼도 잦게 되었고, 병까지 얻은 아버지는 결국 '고향에 가서 죽겠다'며 일본돈 100만 엔을 대출해서 혼자 한국으로 떠났다. 그가 중학생 때의 일이다.

16살 기계배달부

아버지가 한국으로 떠난 후 형들은 모두 중학교만 졸업한 채 일을 배우기 시작했다. 그는 혼자만 학교에 다니는 것이 몹시 마음에 걸렸지만 형들은 완강했다. 둘째형은 당시 '선반 기계 2대'를 구입을 해서 기계 부품을 만드는 사업을 시작했다.

그는 16살이 되자마자 운전면허증을 따서 수업을 마친 후 형의 배달 일을 도왔다. 어릴 적부터 공부보다는 기계를 더 좋아했던 그는 라디오나 시계를 직접 분해해서 수리하는 것을 즐겨하기도 했다. 마침내 고등학교를 중퇴하고 그는 형의 공장에서 충직하게 일을 배우기 시작했다.

"형님들이 다 중학교 밖에 안 나왔고 고등학교 안다녔는데 나 혼자 고등학교 다닐 수 없다 그 생각이었고요. 그때 가난해서 돈이 없는데 학교 다니려면 돈 들잖아요. 학교 다닐 때가 아니라 돈 벌어야겠다 해서 그만 두었습니다. 또 하나 공부 싫었습니다. 물건 만드는 걸 좋아했으니까 공부보다."

1승1패1무

그는 19살부터 3년 동안 권투를 배웠다. 일본 땅에서 살아남기 위해 그는 '무조건 강해져야' 했다. 차별과 냉대 속에서 그는 '힘이 있어야 된다'고 생각했다. '권투가 목표는 아니고 그저 조선인이라고 무시당하지 않기 위해서' 운동을 했다. 그렇게 시작한 권투는 더러 돈을 벌 수 있는 수단이 되기도 했다.

그는 선수자격증을 따서 잠깐 동안 선수 생활을 하면서 경기에도 참가했다. 경기에서 이기게 되면 당시 상

금이 5,000엔 정도였으며, 경기에서 지더라도 3,000엔을 받을 수 있었다. 1승1패 1무의 기록을 가지고 있는 그의 얼굴에는 그때 생긴 흉터가 훈장처럼 남아있다.

결혼자금 300만 엔

그는 철들면서 부터 '허구한 날 술에 취해있는 아버지'를 보고 '누가 중매를 넣어줄까' 싶었다. 자연스럽게 '내 힘으로 연애해야지'라는 생각을 하게 되었다. 그리고 절대 '아버지처럼 되지 말아야지'라며 술은 입에도 대지 않았다. '300만 엔'이라는 결혼자금을 목표로 세우고 열심히 일했다. 그 와중에 노래와 춤을 좋아했던 그는 가끔씩 친구들과 어울려 '단스홀'에 가는 것이 유일한 즐거움이었다.

친구들과 한 번씩 놀러가던 '단스홀'에서 그녀를 만난 것은 운명이었다. 그는 주저하지 않고 데이트를 신청했다. 함께 밥 먹고, 영화도 보고, 드라이브도 했다. 그러던 어느 날 갑자기 장모님의 부름을 받게 되었다. 그는 평소 일하던 차림대로 '찢어진 작업복에다 안전화'를 신고 갔다. 그 날 이후 장모는 심하게 결혼을 반대했다. 그녀와는 2년을 사귀고 결혼했다. 지금은 많은 사위들 중에서 '박서방 박서방'이라고 부르며 그를 가장 아끼고 챙긴다. 지난 세월동안 들인 정성이 헛되지 않은 것이다.

마을 방송, 박씨가 왔어요

1978년 2월, 아버지는 소원대로 한국의 고향땅에서 죽음을 맞았다. 그의 나이 35살, 아버지의 장례를 치르기 위해 태어나 처음으로 어머니와 함께 한국을 방문했다. 그때 역시 '조선적'으로 있었던 그는 임시여권을 발급받아야만 했다.

공항에 도착해서 처음 마주한 한국땅은 온통 깜깜한 암흑 속이었다. '야간등제훈련'으로 지척도 모를 어두운 거리를 헤매다가 이따금씩 새어나오는 불빛을 따라 겨우 고향집에 도착했다.

그는 낯선 언어와 낯선 사람들 속에서 그저 빨리 일본에 있는 집으로 돌아가고 싶었다. 아쉬운 마음에 고향 선산에 묻힌 아버지의 묘소를 부탁하며 조카에게

땅도 사주고 큰돈도 주고 왔다. 그러나 지금까지도 아버지의 산소 사진을 들여다 보며 걱정이 많았다.

이후 그는 혼자서도 자주 고향을 찾아갔다. 청도 골짜기는 세월이 흘러도 좀처럼 변하질 않았다. 그가 한 번 씩 고향마을을 찾을 때마다 이장은 마을 방송을 통해 '일본에서 박씨가 왔다'며 사람들에게 알렸다. 그가 오는 날은 항상 마을 잔치가 벌어졌다. 처음 방문 때와 달리 열심히 '말공부'를 했던 그는 마을 어른들에게 짧게 안부를 묻기도 하고 먼저 인사를 건네기도 했다. 그는 '박씨' 노릇을 잘 하고 싶었다.

"처음 갔었을 때는 그때 일본도 많이 어려웠지만 한국이 더 어려워보였습니다. 사람들이 하여튼 간에 무슨 일이 있는지 모르겠지만 걷는 모습도 바쁘게 보였고, 근데 그때는 저는 애들이 어려서 다 못 데리고 가고 다른 사람한테 맡기고 갔으니까 애들 걱정 때문에 얼른 가고 싶다. 그런 생각만 했습니다. 그리고 내가 죽으면 아무도 고향산소에 안 찾아 갈 거라고 생각이 들어서 한국 고향에 사는 조카한테 산소를 지켜 달라고 논밭을 사 주고 왔습니다. 거기서 쌀을 만들어서 살아달라고 했지요."

'스끄라푸'에서 '정밀가공', 이하라 공업사

그는 8남매 중 다섯째이다. 그중 남자 형제들은 모두 '쇠밥'을 먹은 셈이다. 일본 효고현 야오시에 있는 '이하라 공업사'는 선박이나 각종 산업용 기계에 들어가는 부품을 만드는 금속 가공 공장이다. 인근에 오토바이 부품을 만드는 공장 하나를 더 포함해서 그는 제철분야의 사업에서 꽤 성공한 사람이다. 언제 터질지 모르는 위험 속에서 지금껏 공장을 이어온 것은 대단한 일이었다. 큰형을 제외하고 둘째형과 셋째형을 사고로 잃은 그는 더욱 더 그런 마음이 강하다. 그는 비행기사고로 죽은 둘째 형의 아들을 자식처럼 키웠으며 지금까지도 이하라 공업사에서 함께 일하고 있다.

"손해를 볼 수도 있지만 긴 안목으로 수지만 맞추면 된다."

　'끊임없는 노력'과 '좋은 거래처'를 이하라 공업사의 성공비결로 꼽는 그는 7년 전까지만 해도 연간 4천만 엔의 적자가 나온 적도 있었지만, 생산방식을 바꾸는 등 자체적인 연구와 노력의 결과 다시 본 궤도로 진입할 수 있었다. 창립일을 기념하여 골프대회를 여는 것 또한 이하라 공업사의 큰 행사이다. 40주년과 45주년을 기념한 골프대회를 성공적으로 치뤄냈으니 이제 남은 건 50주년 행사뿐이다. 지금까지 살아오면서 '교통위반' 한 번 없었다는 그는 '세금도 꼬박꼬박 잘 내는 가장 모범적인 재일교포'라고 큰소리쳤다.

　"차별은 있었긴 하는데 지금 와서는 오히려 고맙다고 그게 있었으니까 두고 보자 오기가 있어서 열심히 살았으니까. 근데 사람들이 그렇잖아요. 그런 부족함 없이 모든 게 넉넉한 환경에서 사는 사람은 그런 정신이 없으니까 성공을 못 하잖아요."

그로발 마인드, 박 파스피쿠(Pacific)

그의 첫째 딸과 셋째 딸은 일본인과 결혼했다. 그가 한때 결혼을 반대한 이유가 있다면 '일본인이라서'가 아니라 '세 살 연하'라는 이유에서였다. 그는 '그로발 마인드'를 외치는 '박파스피쿠'라고 강조했다.

한편 그는 나이가 들수록 한국에 대한 관심은 나날이 더해갔다. 한국 뉴스와 신문을 챙겨보면서 한국어 공부도 다시 시작했다. 88올림픽 때 제일교포들은 80억 엔의 성금을 모아서 보냈다. 모두가 그와 같은 심정이었다. 그러나 '모국'과 '조국'이라는 단어가 너무도 익숙했던 1, 2세대들처럼 3, 4세들에게까지 '고향에 대한 관심과 애정'을 기대하기는 이제 힘든 실정이다.

1세들조차 점차 일본사회로 동화되어가는 중이며, '한국에 가기보다는 한국을 위해서 뭐든지 하고 싶은' 2세들과 '일본여론에 가장 많은 영향을 받고 있는 3세와 4세들'은 무엇보다도 한국과의 인연을 잘 유지해 나가는 것이 가장 중요한 일이라고 했다. 그는 한일 관계 또한 '나이 든 사람들이 다 죽고 젊은 사람들 시대'가 오면 변할 것이라고 장담했다.

"나이든 일본 사람일수록 한국을 안 좋아해요. 그래서 좀만 기다리면 가까운 장래 한 10년만 기다리면 10년이 멀게 느껴지는지 모르겠지만 그래도 10년만 지나면 한국에 대해서 안 좋은 감정 가지고 있는 사람들은 이제 나이 들어서 죽는다고, 그 날을 기다리면 되지. 그때까지 나는 안 죽지만 나는 계속 살아 있을 거지만."

발음할 줄도 몰랐던 한국이름 '곽진웅'

곽진웅 (1966년생, 3세, 전남 무안군, 오사카부 오사카시 이쿠노구)

동생은 민단, 형은 조총련

그의 할아버지와 할머니는 식민지 시대 전라남도에서 일본 규수지방으로 옮겨왔다. 8형제를 둔 할아버지는 장남만 조선에 남겨두고 나머지 자식들을 데리고 나왔다. 넷째였던 그의 아버지는 1945년 해방 직후 일본 각지에서 생겨난 민족학교에 입학했다.

초기에는 '국어강습소'의 형태로 '한국어를 공부하기 위한 학교'로서 오사카에도 몇 군데가 있었으나 1948년 일본 정부에 의해서 거의 폐쇄되었다. 그의 아버지가 오사카 부청까지 찾아가서 '학교를 지키기 위한 항의'에 참가한 일을 어린 그에게 들려 준 적도 있었다. 이후 아버지는 민단계열 상공회에 속하고, 아버지의 형은 도쿄에서 조총련 활동가로 활약했다. 이렇듯 가족 안에서도 남북분단의 현상이 있었지만 가족이었기에 큰 문제가 되지는 않았다.

"말을 공부하기 위한 학교. 오사카에도 몇 군데 있었는데 근데 아버님도 어렸을 때 그 학교에 갔다가 그 학교들은 다 1948년 폐쇄당했었어요. 아버님도 그 소학교인데 오사카 부청에 가가지고 항의한 걸 참석을 해서 우리 학교를 지켜라고 해가지고 싸웠다고 그런 얘기를 많이 들었습니다. 그래도 할 수 없이 학교가 없어지고 일본학교에 다니면서 한국말도 충분히 못하신 채 나이 먹고 하셨습니다."

당시 재일한국인들은 정치적인 입장보다는 현실적인 상황 때문에 어쩔 수 없는 선택을 강요받는 것이 대부분이었다. 민족교육을 받으려면 조선학교에 보낼 수밖에 없는 상황이었고, 원하지 않아도 조총련과 연관이 될 수밖에 없었다. 반대로 한국에 갈 때 필요한 여권은 반드시 민단을 통해 신청하게 되었다. 민단의 신원보증이 필요했고, 여러가지 검증을 받기위한 수수료와 5년치 단비를 내야하는 부담이 크게 작용했다.

"우리 그 한반도가 굉장히 심한 대립상태였기 때문에, 우리 재일동포 사회에서도 민단, 조총련의 대립은 굉장히 심한 부분이 있었어요. 그게 사실이고요. 어느 쪽인지 그런 얘기가 일상적으로 나오는 얘기였고. 남북 대립상태 뿐만 아니라 1980년대 전반 정도까지는 우리 재일동포들은 생활 자체가 굉장히 어려운 부분이 많았었죠. 예를 들면, 1980년대까지 우리는 그 국민연금이나 국민보험에 가입도 못하고, 고택 주택에 입주도 못하고. 공무원은 물론이지만 일본 회사에 취직도 못하는 상황이었기 때문에 우리 동포들끼리 힘을 합쳐서 살아 나가야 하는 그런 상황이었요. 일본 사회가 굉장히 우리 재일동포들에 대해서 엄청 심한 차별을 했기 때문에요. 근데 그런 문제도 있고 또 한 편으로 보면은 우리나라는 남북의 대립이 있고. 근데 우리 재일동포들의 생활 때문에 남북이 같이 힘을 합쳐서 일본 정부에 항의를 하거나 권리를 주장 해주면 좋을텐데, 그런데 하나도 안 했어요. 그 북한 나쁘다. 남한 나쁘다. 이런 얘기만 해가지고 우리 재일동포들은 남북도 우리를 지키지 못하고 일본사회는 우리에 대한 엄청 심한 차별을 하고 있는 그런 상황 속에서 자기들의 힘으로 자기들이 살아 나가야 한다, 이런 분위기가 많았죠."

"6·15 그 때, 저기 코리아 타운에서도 축제를 했었어요. 소주 한잔 하고. 김치 먹고 돼지고기 먹고 그 노래도 부르고. 아- 세상이 바꼈다. 세상이 바껴가지고 우리 재일동포사회도 남북에 대립을 넘어서 앞으로 같이 살아나갈 수 있는 그런 시대가 왔다. 그렇게 굉장히 기쁜 경험을 했어요. 지금도 남북관계가 안 좋은 부분도 있기는 한데, 그래도 우리 재일동포 사람들의 마음은 남북관계에 대해서 어느 쪽인지 그런 부분에 관심이 없고, 어느 쪽이 옳다 나쁘다 그런 얘기가 아니고. 같이 손을 합쳐서 살아나갈 수 있는 시대를 하루빨리 내주시면 고맙다. 이런 느낌이 있죠."

두 가지 얼굴을 가진 사람

사람들에게 그는 '이시무라'라고 알려져 있었다. 초·중·고등학교 모두 일본 공립학교를 다니며 일본식 공부를 했지만, 집안의 제사나 결혼식은 일본식이 아니었다. 할아버지와 할머니를 모시고 살면서 김치와 불고기를 즐겨 먹었다.

언젠가부터 '우리는 일본사람이 아니구나'라는 생각이 의식 한 켠에서 자리 잡고 있었다. 잔치가 있는 날이면 모두가 '치마저고리를 입고 장구를 치고 민요가락을 부르던' 것이 좋았다. 그래도 친구들에게는 '고백'할 수 가 없었다. 무시와 차별이 무서웠다. '밖에 나가면 일본사람의 얼굴'을 하고 '집에 돌아오면 한국사람의 얼굴'을 하면서 그는 자연스럽게 '두 가지의 얼굴'을 갖고 살아갔다. 재일한국인들의 대부분의 경우이기도 했다.

교육실습생 유선생님

그가 고등학교 2학년 때 '교육실습생으로 온 재일동포 선생님'은 학생들에게 한국이름으로 자신을 소개했다. 처음이었다. '충격과 혼란스러움'으로 가슴이 먹먹해졌다. 수업내용은 하나도 기억나지 않았고 '이름'만 가슴에 남아 있었다. '당연히 부정적'일 것이라고 생각했던 친구들의 반응은 전혀 달랐다. '재미있고 흥미로운 사람'이라는 친구들의 뒷얘기가 더욱 놀라웠다. 그때껏 한국국적을 친구들에게 숨기고 있었던 그는 '일본사회는 나를 받아들일 수 없고, 나는 차별받을 수 밖에 없는 사람'이라고 품었던 18년 동안의 저주가 마치 한순간에 풀리는 것 같았다. 그리고 2주간의 실습기간동안 내면의 고민들을 조금씩 털어 놓으면서 선생님과 아주 각별한 사이가 되었다. 젊은 선생님은 그를 새로운 '민족주의의 길'로 들어서게 했다

"처음에 그 고등학교 선생님한테 고백했어요. 저도 한국 사람이라고. 그 선생님도 굉장히 나한테 애를 써주고. 우리 노래 콘서트를 같이 가자고 하거나 영화를 같이 가자고 하고, 좋은 책이 있으니까 읽어보자 이렇게 소개를 해주었어요. 이렇게 내가 처음 민족적인 부분에 대한 공부를 시작했던 계기가 바로 그 선생님과의 만남이었어요."

자연스러운 하나의 인간

유선생님과의 만남으로 인해 그는 여러 가지 학문에 관심을 가지게 되었다. 1985년도 그는 효고현에 있는 고베대학 경제학부에 입학했다. 그러나 공부는 뒷전이었다. 그가 대학에 입학한 해, 서울에서는 미문화원 습격사건이 일어났다. 당시까지만 해도 한국의 역사나 현실상황에 대해 잘 몰랐기 때문에 그 사건은 매우 충격적이었다.

이후 그는 한국사회와 한국 젊은이들에 대한 공부를 본격적으로 하게 되었고, '한국 사회의 발전을 위해서 노력하는 젊은이들과 대화할 수 있는 사람'이 되고 싶었다. 또한 '재일한국인으로서 두 얼굴을 가지고 있는 사람이 아닌 자연스러운 하나의 인간으로서 살아나가고 싶다'는 열망이 뜨겁게 솟구쳤다.

국내외적으로 격동기를 맞은 1980년대 후반 당시 '재일한국학생동맹'이나 '조총련계 유학생동맹' 등 재일조선인 학생들이 만든 여러 단체에 소속되어 그는 누구보다도 열심히 활동했다. '1986년 개헌 투쟁, 87년 2월 민중 항쟁과 88 서울 올림픽과 범민족 운동이나 통일 시대'에 해야 할 과제들에 대해 조금이라도 참여하고 싶었다.

1988년부터 1989년까지 효고현 본부 위원장을 맡으면서 정치적인 영역으로까지 활동이 가능했다. 그는 무엇보다도 '재일동포들이 한국에 대해서 어떤 시각을 가지고 어떤 주체성을 가지고 어떻게 참여할 수 있는지'에 가장 관심이 많았다. 같은 한민족으로서 살아나가기 위해서는 한국의 정치적 문제까지도 '우리들의 문제'로써 함께 고민해야 한다는 생각이었다. 사회적인 차별이나 부당함에 대하여 자기목소리를 내며 사회발전에 기여하고자 했던 생각을 실천하기 위해 대학을 졸업한 후 '재일 한국 민주 인권 협의회'의 전신이었던 '재일한국인 양심수 석방을 위한 인권단체'에 취직을 했다.

"한편으로는 그 무서운 감정이었고, 한편으로는 관심도 있고. 우리나라이기 때문에. 그래서 한국에 대해서도 공부를 시작했습니다. 내가 재일동포로서의 공부도 하고 한국 사회에 대해서도 공부를 하고. 한국 학생들, 한국에서 민주주의나 인권을 요구하는 사람들은 올바른 주장을 하고 있는데 왜 이렇게 탄압을 받고 있는지 그게 사회자체가 잘못된 사회가 아닐까. 그런 거 느끼기도 했어요."

발음할 줄도 몰랐던 한국이름 '곽진웅'

1985년 9월 그는 '어떻게 발음할 줄도 몰랐던' 한국이름 '곽진웅'으로 처음 세상과 마주하게 되었다.

그가 통명이 아닌 본명으로 살고 싶다는 결심에 대해 아버지의 응원은 열렬했다. 도리어 '그런 결단조차 할 수 없었던 당신의 인생'에 대해 아쉬움을 토로했다. 무엇보다도 '자기가 느끼는 신념, 자기가 느끼는 마음을 소중히 생각해야 한다'는 것이 그에게는 가장 큰 깨달음이었다.

지금도 가족들은 그를 '다츠오'라고 부른다. 단지 달라진 것이 있다면 이따금씩 그에게 '곽재철'이라는 이름으로 부쳐오는 우편물이 있다는 것이다. '곽재철'은 '이시카와 현'에 살고 있는 아버지의 한국이름이었다.

"대학에 입학하기 전에는 나는 한국 이름에 곽진웅이라는 발음도 모르는 사람이었구요. 대학교 1학년 때 아버님하고 얘기를 했고요. 나는 이름을 바꾸고 싶다. 어떻게 생각하시는지. 상의를 했는데. 아버님은 응원해주셨어요. 나는 그런 결단은 못하는 인생이었다. 장사도 하고 일본에서 차별이 심한 상황 속에서 나는 한국사람으로서 살아나가고 싶은 마음이 있기는 한데 그래도 자기 이름으로 살지 못한 아쉬운 부분도 있었기 때문에 너가 이름을 바꾸고 한국 사람으로서 살아나가고 싶다면, 그런 마음이 있다면 응원을 하겠다고."

코리아 NGO센터

코리아 NGO센터는 2004년3월 '민족교육문화센터', '원코리아페스티벌실행위원회', '재일한국민주인권협회'의 3개 단체를 모체로 설립되었다.

'인권, 평화, 공존, 자립한 시민'이라는 이념아래 재일동포들을 중심으로 설립된 특정비영리활동법인으로, 어떤 특별한 이슈를 사업으로 하는 단체가 아니고, 다양한 이슈를 자기 사업으로 하는 단체이다.

코리아 NGO센터는 '재일동포 어린이들의 민족교육을 중심으로 하는 재일동포의 인권문제'와 '우리 재일동포들 뿐만 아니라 일본에 사는 외국인들, 다양한 마이너리티들의 인권'을 보장하기 위한 정책 제안과 더불어 한일 시민 사회의 파트너십을 만들기 위한 활동을 주로 한다.

그 중 원코리아페스티벌은 재일동포들의 화합은 물론 '통일'이라는 정치적 이슈를 '축제'의 형태로 승화시킨 형태에서 현재는 다문화 공생, 동아시아 공동체까지 차츰 진화하며 발전하고 있는 축제이다.

"우리가 우리들의 이익만 주장하면 안되고 모든 사람들의 인권을 주장하면서 우리가 좋은 세상을 만들자가 하나이고요."

"예를 들면 전후 보상 문제나 재일동포들의 인권을 과제로 하는 한국 사회와 일본 사회의 연대 활동. 그렇게 되면 나는 교토 우토로 마을 있잖아요? 우토로 마을은 지금 새로 거리, 마치즈쿠리 주택문제를 해결하기 위해 마치즈쿠리가 진행되고 있는데 그 프로젝트에 나도 참여하고 있습니다. 근데 한국에서도 많은 시민들이 돈을 보내주고 굉장히 그 많은 지원을 해주는데 그 지원을 받고 땅을 사고, 땅을 관리하고 있는 재단에 지금 경리원을 하고 있는데요. 그 땅에 어떻게 도로 역사나 주민들의 투쟁의 역사를 기념할 수 있는 시설을 만드는 가, 이런 과제들도 하고 있습니다. 그에 대해서는 우리 재일동포뿐만 아니라 많은 일본 사람들도 관심을 가지고 같이 진행하고 있습니다. 일본에서도 한국에 대한 비판, 한국에 대해

서도 일본에 대한 비판 있기는 한데, 그래도 앞으로 시민사회는 서로가 깊게 이해하고 같이 시민 사회의 공동체를 만들 수 있는, 그런 방향으로 나가야 합니다. 우리 재일동포들이 한일 관계가 발전하기 위한 다리 역할을 할 수 있는 그런 존재가 되어야 한다고 그렇게 생각하고 있습니다. 또한, 원코리아 페스티벌을 비롯한 우리들 한반도의 평화, 통일, 그리고 동북아 전체가 평화스러운 새로운 질서를 만들어 나가야 하는데 그 새로운 동북아 질서를 만들기 위해서는 바로 우리 한민족이 국경을 넘어서 해외에 있는 우리들도 우리나라 사람들도 중국에 사는 조선족 그리고 북한 사람들 다 힘을 합쳐서 서로가 대립을 넘어서 살아나가야 한다는 그런 세상을 만들어야 한다, 거기에 대해서도 일단 조금이라도 도움이 되면 좋겠다 이런 느낌이 있습니다."

가족여행을 갈 수 없는 가족

고령자 시설의 직원으로 근무 중인 아내는 지금까지도 '조선적'으로 남아있다. '식민지 시대 때부터 일본에서 살아온, 그 식민지 출신자들과 그 자손들' 중에서 한국 국적을 아직까지 취득하지 않은 사람들은 지금까지 '조선적'으로 남아 있다. 현재 일본에서도 약 3만 3천명 정도가 있으며 '한국 정부는 그들은 모두 북한 사람 또는 조총련계 사람'이라고 싸잡아서 생각하기도 한다.

한때 '김대중과 노무현 시대'에서는 조선적 사람들도 '특별여행증명서'를 받고 한국과 일본을 비교적 자유롭게 오갈 수 있었다. 그러나 '이명박 박근혜 정부'에 들어와서는 그것마저 어려워졌다. 2006년 이후 부터 그는 아내와 함께 고향에 갈 수 없었다. 아내는 그저 '하나가 된 나라의 국적'을 취득하고 싶다는 생각뿐이었다. 그 날이 꼭 올 것이라고 믿고 있는 아내에게 지금의 불편함은 아무 것도 아니었다.

"근데 특별한 이유는 없어요. 그냥 이유는 없는데. 조금 거부감이 있대요. 그 어떤 거부감이라고 하면은, 혹시 한반도가 언젠가 하나가 되는 시대를 맞이하게 되면 하나가 된 나라의 국적을 취득하고 싶은데. 지금 단계에서 절반만 남한이랑 북한이랑, 절반만 우리가 이 나라 국민이다, 이런 입장에 되는 것이 조금 거부감이 있다. 그건 아마 생활상 한국에 못가는 상황이고 여러 가지 불편한 부분이 있다면 뭐 바꿀 수 없는것도 할 수 없이 선택해야 하는데. 지금은 그 정도부담이 있는 상황이 아니기 때문에."

쌀집 데찌 아들과 양조장집 귀딸

강상훈 (1934년생, 2세, 경남 함양군 서산면 금당리, 오사카부 모리구치시)
진춘자 (1946년생, 1세, 경남 함양군, 오사카부 모리구치시)

이발사가 된 쌀집 데찌

1909년생인 그의 아버지는 14살 때 일본으로 건너와 '쌀집 데찌'로 일을 했다. 당시 '데찌'는 기술을 전수하기 위해서 데리고 있는 일꾼이었다. 특별한 기술이 있어야 먹고 살 수 있다고 생각한 아버지는 18살부터 이발기술을 배웠다. 20살 무렵 이발기술학교를 다니며 자격증을 따면서 본격적으로 이발소에서 일을 하기 시작했다.

그가 2살 때 아버지는 폐결핵으로 조선땅의 고향으로 돌아가서 1년을 요양해야만 했다. 다시 일본으로 들어왔을 때는 교토부 야와타에 있는 학원동기의 가게에서 일하게 되었다. 그가 1학년이 되었을 때 오사카 오미야에서 처음 가게를 차리게 되었지만 장마철마다 유난히 수해가 심했던지라 2년 후 다시 지금의 '크로바 이발관'이 있는 자리로 옮겨야만 했다. 1944년부터 문을 연 이발관은 70년이 넘었다.

'씨가 단절된다', 골짜기에 숨겨놓은 3형제

1945년 태평양 전쟁의 최후를 장식한 원자폭탄이 히로시마와 나가사키에 투하되었다. '씨가 단절된다 이러면 안된다'며 그의 아버지는 '원폭'을 피해 3형제를 모두 데리고 서둘러 조선땅으로 돌아갔다.

큰 강을 건너고 산을 세 개나 넘어서야 외삼촌집에 도착했다. 아버지는 돈과 3형제를 맡겨놓고 어머니가 있는 일본으로 다시 돌아갔다. 그렇게 돌아간 아버지로부터 1년이 지나도 소식이 없자 외삼촌은 '전쟁이 끝나면 일본말도 소용없다'며 3형제에게 학교도 그만두게 했다.

그때부터 형제들은 각각 다른 친척집에 흩어져 머슴살이를 했다. 그중에는 일본에서 중학교를 졸업하고 '전쟁 중에 헌병을 하던 고종사촌'도 있었다. '공부 시켜주겠다'며 그를 데리고 온 고종사촌은 더 지독한 머슴살이를 시킨 장본인이기도 했다. 그렇게 2년이 채 안되어 아버지는 드디어 3형제를 찾으러 왔다. '골짜기에 숨겨놨다가 다시 미꼬(밀항)해서' 아들들을 집으로 데려갔다. '화물선 제일 밑 칸에 거적을 덮고' 조선땅을 떠나왔다. 그때가 1947년이었다.

"초등학교 4학년 3학기에 갔는데 좀 있다가 전쟁 끝나니까 이제 일본말 공부할 필요가 없으니까 외삼촌이 이제 니들 학교 가지 말라고 학교 안가고 그냥 머슴처럼 일 하라고 우리 집에 일 하라고 해서 외삼촌 집에서 거의 머슴살이 하듯 했어요. 학교를 못다니고 전쟁 피해서 갔는데 가서 얼마 안 있다가 전쟁 끝나니까 이제 더 이상 뭐 일본 통치가 아니잖아요. 그래서 더 이상 학교 다녀서 일본말 배울 필요가 없다고 니네들 학교 가지 말라고, 그때는 설마 친 아버지가 데리러 올 줄 몰라서 그냥 기별이 없으니까. 외삼촌 입장에서는 언제 데리러 올 줄도 모르는 애들을 지자식도 아닌데 키워야 한다 싶으니까 뭐랄까 부려먹었다 할까요."

10년 걸려 졸업한 통신고등학교

그는 당시 귀족학교라고 불리는 '도시샤 중고등학교'에 다녔다.

한 학급에 60명 정도였고, 총 6개 반이 있었다. 의사가 꿈이었던 그는 학교에서 유일한 '조선인'으로 공부도 잘했다. 그가 고등학교 1학년이 되자 아버지는 갑자기 얻은 병으로 모든 일을 그만두게 되었고, 그는 당장 학교를 그만두고 생활비와 병원비까지 벌어야만 했다. 학교 선생님은 장학금을 주겠다며 그를 설득했으나 소용이 없었다.

'도시샤 중고등학교'를 중퇴하고 1년 후 우연히 라디오를 통해 '통신교육'이 가능한 '오테마에 고등학교'를 알게 되었다. 당시 이발소는 늦은 밤까지 일을 계속 해야 하고, 새벽에야 공부가 가능했다. 그렇게 어렵게 시작한 고등학교 공부는 10년이나 걸렸다. 그는 졸업할 때 우수상 표창도 받았다.

함양읍 양조장집 귀딸

일본에 있던 그의 아버지는 '어린 그를 머슴 살리 듯 부려 먹은' 고종사촌에게 며느리감을 구해보라고 편지를 썼다. 사진으로 본 아내는 첫눈에 그의 마음을 사로 잡았다.

그녀는 경남 함양이 고향이었다. 시골 어딜 가든지 양조장집 딸래미 만큼 동네의 부러움을 사는 이는 드물다. '억시게 벌어들인 종이돈'은 '셀 사람이 없어서 애들도 돌려야' 할 정도였다. 당시 그녀의 아버지는 '농협 조합장'으로 있었고, 그녀를 포함한 자식들은 세상 물정도 모르고 오로지 '돈쓰는 것 밖에' 몰랐다.

그녀가 고등학교를 졸업하고 20살이 되던 해 갑자기 아버지가 돌아가셨다. 차츰 그녀를 대하는 동네사람들의 태도는 예전과 달리 느껴졌고, '누구 딸래미'라고 부르는 것조차 동정으로 느껴졌다. 그녀는 '결혼'과 함께 마을을 벗어나고 싶었다. 아버지가 살아 계실 적 부터 그녀에게 눈독을 들이던 '집안 좋은 남자'가 '프로포즈'를 하러오기로 했다. 그러나 약속한 날 그는 나타나지 않았고, '꼬장배기 성질'의 그녀는 자존심이 상할대로 상했다. 어디든지 가고 싶었던 그녀는 '얼굴도 모르는 남자'와 결혼식도 없이 혼인신고를 했다.

"사진도 안봤어. 그때는 처음에는 그런 거 없잖아. 그 성격 때문에 결혼 한거죠. 선도 안보고 그러니까 1월 29일이지 그러니까 결혼도 안하고 입적(혼인신고) 했어요."

동창생이 번역해 준 9개월 연애편지

그녀가 '입적'하고 집으로 돌아 온 날, 작은 아버지는 '왜 일본으로 보내느냐'며 그녀의 어머니에게 고함을 지르며 난리를 쳤다. 다음날이 바로 결혼식이었다. 혼인신고 후 도쿄에 있는 한국대사관으로 여러 가지 서류를 보냈다. 신분증명을 완료하고 그녀의 '일본 초청'을 허가하기까지 2개월이 걸렸다.

당시 '일본에 있는 남자에게 속아서 갈 수도 있으니' 반드시 신분이 확실하다는 것을 증명해야지 가능했다. 남편은 3월 15일 한국으로 들어와서 3월 16일 그녀

　와 처음 선을 보고 3월 17일 결혼식을 올렸다. 그녀는 맞선을 보는 그 순간에도 '혹시 마음에 안 들면 결혼은 당장 취소한다'는 마음이었고, 같은 시간 그녀의 집에서는 결혼식 준비가 한창이었다.

　결혼식을 올리고 그는 혼자서 먼저 일본으로 돌아갔다. 9개월이 넘는 기간 동안 연애편지를 주고 받았다. 한국어도 몰랐던 남편이 일본어로 쓴 편지를 그녀의 학교 동창생이 번역해 주었다. 또 그녀가 한국어로 쓴 답장을 다시 일본어로 번역해서 남편에게 보내주었다. 결혼식 날 사진까지 찍어 준 그 동창생은 부부의 편지를 번역 뿐 만 아니라 '더 보태서' 작문까지도 해주었던 것이다.

비밀의 언어

일본까지 시집을 온 그녀는 일본말 한마디 할 줄 몰랐다. 하루아침에 '춘자'라는 이름 대신 '하루꼬'로 불리기 시작했으며 '한국말을 하면 벼락이 떨어지고' 그러다 한동안은 '벙어리'가 되기도 했다. 이발관을 했던 시댁은 손님들로부터 혹 '조센진'이라고 멸시라도 받을까봐 노심초사 했다. 그들 부부 또한 자식들이 모두 잠든 후에야 한국말을 주고받았다.

한국말은 그렇게 그들만의 비밀의 언어였다. 무서운 시아버지 때문에 남편은 그녀의 편도 한 번 마음껏 들어주지 못했다. 낯선 땅에서 '목욕가는 척' 나와서 혼자 '울기도 많이 울었던' 그녀였다.

"눈물은 말할 수 없어에 남한테 지기가 싫어도 겉으론 웃어도 그죠? 울고 싶으면 우에 철보가 하는데가 목욕간다고 나가가지고 목욕도 안해요 병원에 가서 그네 있잖아 애들 타는거. 실컷 울고는 목욕가서는 머리 막 물만 묻히고 들어오지예."

"내가 결혼하고 나서 일본말을 못하잖아요 그죠? 글자는 한자로 우리 진씨가 중국 그거잖아요 집에서 할아버지가 할아버지 위에 아버지가 위에 있는 할아버지가 한자로 한국에 내려와서 집에서 한자를 많이 썼어요. 그렇게 되면 한자는 다 보면 알아요 안 배웠지만 쓰니까. 여 와서 말을 못하니까 한국말을 하면 뭐 큰일 났어. 벼락 떨어지고 여기다 벙어리가 됐었어요."

70년 넘은 가게, 크로바 이발소

부부는 '아주 잘' 늙어가고 있었다. 그가 만드는 가발솜씨는 방송을 타고 일본 전역에 소개된 적도 있었다. 따뜻하고 유쾌한 부부의 표정은 긴 세월동안의 고통을 잘 이겨낸 훈장과도 같았다.

길고 긴 겹겹의 시간들이 숨 쉬고 있는 공간에는 그곳만의 정감이 살아 있었다. 손잡이가 반질반질해 진 미용가위가 단정하게 정리되어 있고, 회전바퀴가 달린 손님용 의자와 세월에 닳아 색이 바랜 물바가지까지 부부와 함께 늙어가고 있었다. 그녀는 '지나간 그 모든 것을 겪었기 때문에 더욱 강해질 수 있었다'고 말했다.

"일본하고 한국하고 그게 달라요. 내가 한국은 항상 느끼는 게 한국은 바꿀 수 있는 건 많이 바꾸잖아요? 일본은 시작하면 끝까지 하는 그런 성격이 있어요."

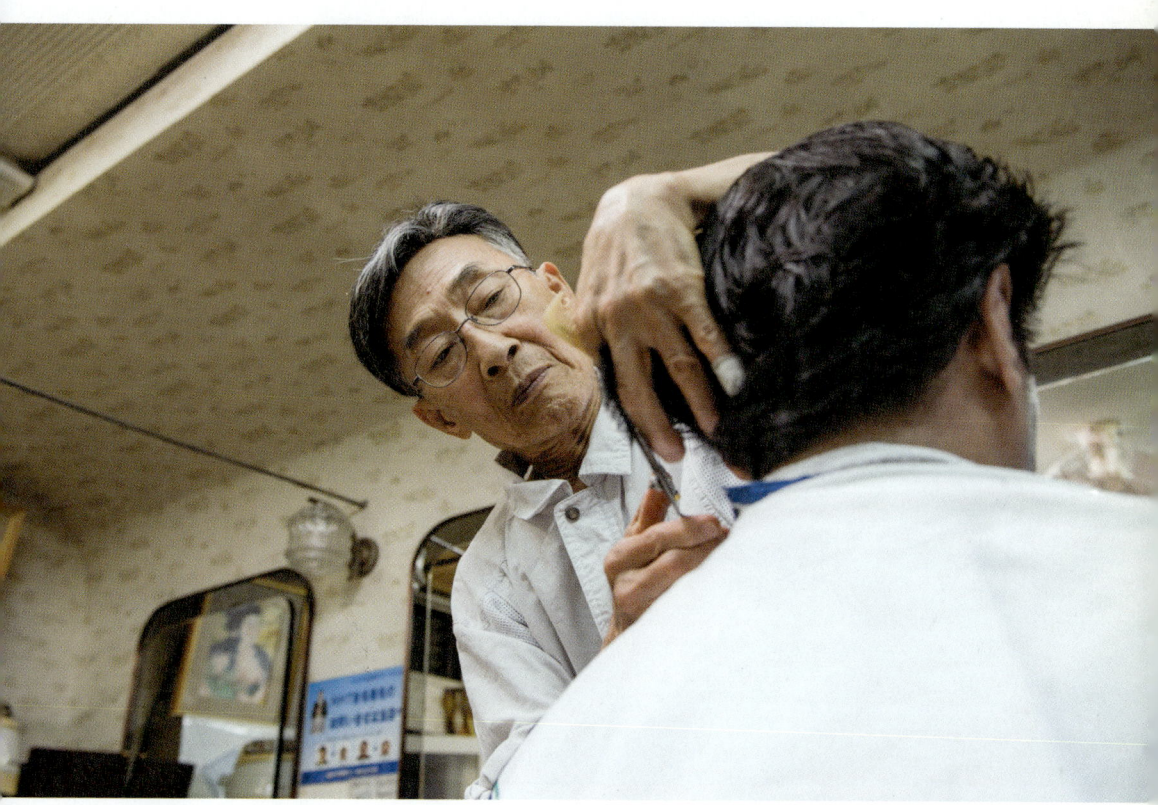

내 인생이 달이다

최월숙 (1967년생, 3세, 경북 칠곡군, 오사카부 오사카시)

다다미 밑에 떼돈

경북 영일군 연일읍 곡강리(지금의 포항시)가 고향인 그녀의 외할아버지는 식민지 시기에 일본으로 건너왔다. '야매로 탁배기를 만들어서' 제법 많은 돈을 벌었던 그 시절, '집 안의 다다미 밑'에는 언제나 돈이 꽉 차 있었다. 그러나 외할아버지는 매일 같이 술을 먹고 '남한테 돈 빌려주고 떼이면' 외할머니에게 분풀이를 했다. 외할아버지의 폭력에 못이겨 외삼촌들은 외할아버지만 두고 모두 오사카로 옮겨갔다. 그 후 위암 말기의 외할아버지를 오사카로 모셔왔으나 이내 장례식을 치뤄야만 했다.

그녀의 어머니(장병주, 1936년생)는 중학교 3학년 때까지 후쿠시마현의 한 사무실에서 행정일을 했다. 중학교를 졸업하자마자 '집단 취직'을 하면서 도시로 나왔다. 이후 오사카의 자그마한 공장을 거쳐 외삼촌이 차린 기계공장에서도 일을 했다. 그때 어머니는 '길게 묶은 머리카락'이 기계에 말려들어가는 사고를 겪게 되면서 오랫동안 고생했다.

"우리 어머니 중학교 3학년에 오사카에 와서 자그마한 기계공장에서 일하셨어요. 처음에는. 그리고 몇 년 후에 우리 작은 외삼촌이 기계 공장을 하셨다고 하네요. 그 때는 큰 외삼촌도 같이 하셨다고 하네요. 그 때는 일하시는데 우리 어머니가 머리를 길게 기르셔서 이렇게 묶었는데 그 머리카락이 기계에다가 말려들어가서 다 벗겼대요. 우리 어머니가 병원 갈 돈도 없어서 열이 나고 온 몸 쑤시고 퉁퉁 부었는데도, 머리도 다 벗겨지고 챙피한데 수건으로 이렇게 감아서 일 다니셨다고 하셨구요."

아버지, 씨만 남겨 준 사람

문학소녀였던 어머니는 한때 유명한 잡지에 응모하여 소설이 당선된 적도 있었으며 신인 유망주로 평가 받기도 했다. 그런 어머니와 사귀고자 당시 막내 외삼촌의 친구였던 아버지는 거짓으로 어머니와의 소문을 퍼뜨렸다. 서른 살이 다 되도록 결혼에는 전혀 마음이 없었던 어머니였지만 하는 수 없이 아버지와의 결혼을 허락했다. 그때가 1966년 이었다.

    결혼 전부터 아버지는 외삼촌 밑에서 막내 외삼촌과 함께 토목공사 일을 했다. '조롱조롱 애들이 달렸지만' 아버지는 '일 한 만큼 그날 받은 돈으로 전부 술을 먹었다.' 친구들과 어울려 다니다가 돈이 떨어지면 그때서야 집으로 돌아왔다. 돈도 떨어지고 의지도 박약했던 아버지는 자신의 불운을 술로 달랬다. 아버지는 술독을 끼고 살았고 어머니의 삶은 여전히 힘겨웠다.

"돈을 안 가진 사람이 갑자기 큰 돈을 가지면, 막 쓰고 싶은 그런 거 있잖아요? 그래서 그 당시는 은행에서 돈이 왔다갔다 하는 게 아니고 현금이 왔다갔다 하잖아요. 그 날 일한만큼 돈 받으면 그 돈가지고 집에 안 들어오시고 그냥 술먹고, 친구들 데리고 술집 가서 돈이 떨어지면 집에 들어오고 근데 그 날 번 돈이 다 수입은 아니잖아요. 거기서 뭐 기계값 기름값 지불해야 되는데 그런 거 생각없이 막 쓰셨어요. 잔인한 말투가 될 지는 모르겠지만, 아버지는 씨만 남겨준 사람. 아버지하고 제대로 얘기한 그런 기억도 없고. 불쌍한 사람이긴 하지만 저한테는 별로 상관없는 사람이에요."

마요네즈밥

    아버지가 삼촌의 공장에서 독립해서 일 할 때는 어머니 또한 일을 쉬지 않았다. 4형제는 이따금씩 외할머니집에 맡겨지기도 했다. 초등학교 1학년이었던 그녀는 어머니를 대신해서 동생들을 보살폈다. 막내 여동생의 기저귀도 갈아주고, 둘째 여동생을 보육원에서 직접 데리고 오기도 했다. 그나마 다행인 것은 공립 보육원을 다니던 둘째가 그녀와 몸무게가 같아질 정도로 '제대로 된 급식'을 먹고 있다는 것이었다.

    사방이 깜깜해지고서야 집으로 돌아와 잠이 드는 어머니를 보며 열 살 무렵의 그녀는 어머니의 코끝에 가만히 귀를 대보기도 했다. 아버지의 토공사목일이 실패하자 아버지의 친구였던 막내 외삼촌은 부모님에게 작은 '이자카야'를 차려 주었다. 식당일로 항상 집을 비웠던 부모님을 대신해서 늦은 밤까지 혼자서 '동생들을 지켜내야지' 하고 불툭한 각목을 겨드랑이에 끼고 잠들었던 시절이었다.

　냉장고는 텅 비어 있었고, 유일하게 밥솥만 채워져 있었다. 하루는 마요네즈를 뿌려 먹고, 또 하루는 설탕을 뿌려 먹었다. 그것마저도 떨어지고 나면 물에 말아서 밥을 먹었다.

　아버지는 결국 그녀가 6학년이 되는 해에 돌아가셨다. 이웃들은 아버지가 '맨날 맨날 술만 쳐 먹다 죽었다'며 오랫동안 수군거렸다. 아주 잠깐 동안 불안과 초조가 일단락되는 듯 했다.

우리학교 조선학교

　그녀의 큰외삼촌은 조총련이었다. 이모는 '가난이 힘들어 자식 셋을 두고 집을 나가 버렸고', 이모부는 '장애를 입은 둘째 딸'도 고쳐준다는 조총련의 선전에 속아 자식들과 함께 북송선을 탔다. 그 것 때문에 큰외삼촌은 조총련 활동을 그만둘 수가 없었다. '직책을 맡으면' 북으로 간 친척들에 대한 대우가 좀 더 좋아지리라고도 생각했다. 조총련이었던 외삼촌은 그녀에게 '민족교육을 받아야 된다'며 조선학교에 입학시켰다. 비싼 등록금에도 불구하고 그녀는 초, 중, 고등학교까지 '조선학교'에 다녔다.

　작가를 꿈꾸었던 어머니는 그녀에게 꼭 대학을 가라고 했지만 고등학교 입학금조차 내지 못하는 형편이 계속되었다. 입학해서 5월 달이 될 때 까지 '운동복'도 받질 못했던 그녀는 '걱정마라, 무조건 공짜다'라며 학생들을 모집했던 조총련의 말이 거짓임을 알게 되었다.

　"어머니는 그 중학교 밖에 안 나오셨는데, 뭐 그런 문학을 좋아하는 사람들끼리 동아리 같은 거 나가시면은요, 다들 대학 나온 사람으로 볼 정도로 여러 가지 작품, 잘 알고 계셔요. 그런 사람, 그런데도 대학을 안 나왔고 중졸이니까 억울함도 있었죠. 그래서 맨날 나한테 대학가라, 대학가라 하셨는데. 그 때는 제가 아직 어려서 생각이 짧았던 거겠죠? 아직 동생들도 있고. 한 번은요 제가 고등학교 입학을 했는데 입학금을 제대로 납품을 못했거든요. 반값만 먼저 지불하고 우선은 학교가라 해서 갔는데, 운동복 있잖아요? 운동복. 우리 친구들한테는 다 배부가 되는데 나한테는 안 주는 거예요. 그래서 웰까, 무슨 착오가 있어서 내 것은 없는 걸까 싶었더니 그 날 바로 사무실로 오라고 하니까, 갔더니. 오늘 운동복 못 받았지? 해서, 그 이유를 아냐고, 여기는 자본주의 사회니까 돈 안 낸 사람이 운동복 받을 수 있을 리가 없잖아 해갖고. 얼른 오늘 집에 가면 어머니한테 남은 돈 갚아 달라고 그렇게 얘기를 하라고 들은 게 있어서 펑펑 울었거든요."

"우리 집이 그렇게 가난하니까 조선학교가 사립 취급이 되잖아요. 학비가 엄청 비싸거든요. 그거 우리 어머니가 전혀 못 내셨거든요. 돈을. 당연한데… 참관수업에 우리 어머니가 올 때마다 사무국에서 우리 어머니 불러서… 돈은 언제 낼 거냐고 막 하시는 거예요. 뭐 양심이 있냐 그런 소리까지 하구요. 그럴 때마다 어머니가 집에 와서 우시는 것을 보고 나는 중학교까지만 가겠다. 고등학교는 일본 학교로 가겠다 했었어요. 그런 식으로 중간에 나가서 민단으로 가는 사람이 많았고, 그래서 일본 학교로 가는 사람이 많고하니까 우리학교 학생 수를 확보해야 된다 해서 조총련 오사카 본부에서 위원장인가? 그런 사람까지 우리 집에 와서 애를 일본 사람으로 만들면 안 된다. 꼭 우리 학교로 보내야 한다. 우리 어머니가 돈 없어서 여태까지 이런 일, 저런 일 겪었다. 더 이상 우리 애는 못 보내겠다. 우리 집안 형편을. 그러니까 걱정 말라고. 그 쪽 사람들 다 그런, 상투적인 수법이예요. 뭘 하면은 걱정마라 공짜로 갈수 있다. 돈 걱정 없다. 해서 들어갔는데. 5월달이예요. 5월달에 그렇게 운동복 못 받고. 아, 완전 속았구나."

버블 시대, 물새는 운동화

그녀의 동생들 또한 모두 조선학교에 다녔다. 그녀는 동생들을 공부시키기 위해 죽어라고 일했다. 한살 아래인 남동생은 고등학교에 들어가자 1학기가 채 마치기도 전에 '속았다'며 학교를 그만두었다. 여동생 둘은 학교를 다니며 주말마다 '야끼니쿠 집'에서 알바를 했지만 '비가 오면 물이 새는 운동화' 하나 못 바꿔 신었다.

회사에서 돌아온 집은 폐허였다. 어떤 날은 전기가 끊겨 있고, 어떤 날은 가스가 끊겨있었다. 그때가 1980년대, 일본의 버블경제가 최고조에 달했던 때였다. 친구들은 명품가방을 들고 다니면서 1년에도 몇 번씩 해외여행을 다녔다.

엎친 데 덮친 격으로 '같은 동포'라며 접근해 온 '조선적 여자'와 함께 장사를 시작했던 어머니는 사업에 실패하면서 엄청난 사채 빚을 지게 되었다. 동생들을 공부시키기 위해 고등학교를 졸업하자마자 직장에 다니던 그녀는 월급날마다 '회사 앞으로 찾아 온 어머니'에게 봉투채 월급을 넘겨주어야 했다. 실패한 장사에 대한 미련을 버리지 못한 어머니는 결국 회사에서 그녀를 볼모로 '300만 엔'까지 빌려 쓰고서야 더 이상 찾아오지 않았다.

조선적 이력서

그녀가 22살이 되던 해, '더 이상 월급을 받아봤자 소용이 없었던 회사'를 그만두었다. 취업희망자의 10배에 이르는 일자리가 몰려드는 고도 성장기의 일본은 구인난에 시달렸지만 그녀의 이력서는 몇 번 씩이나 퇴짜를 맞았다. '본적과 본명'을 쓴 이력서는 어디에서도 받아주질 않았다. 그때껏 그녀는 이유를 알 지 못했다.

"찻집 주인도 저보고 그 말씀하시는 거예요. 처음 봤다고. 장사를 오랫동안 해왔는데 이렇게 당당하게 본명으로 조선, 이렇게 해서 이력서 가지고 온 것은 니가 처음이라고."

24살 무렵까지 '동포가 운영하는 오코노미야키 집'에서 일을 하다가, 후생성 소속 전문학교는 학비가 공짜라는 것을 알게 되었다. 그녀는 '영어 비즈니스학과'를 신청해서 저녁마다 공부를 했다. 야간에 수업을 듣기위해 아침 2시간만 일하는 찻집에 취직하게 되었고, 그 곳에서 남편을 처음 만났다.

　　'온통 세상 모든 것에 분해서' 있던 그녀는 죽고도 싶었다. '이러지도 저러지도 못한 채' 시간만 죽이고 있을 때 매일같이 회사동료들과 함께 어울려 찾아 온 한 남자가 있었다. 그는 무척 밝고 유쾌한 사람이었다. 주말마다 그는 아들 셋을 데리고 와서 차를 마셨다. 그렇게 지켜보기에만 몇 개월의 시간이 흐르고, 마침내 2월14일 그녀가 발렌타인데이 초코렛을 전해주고, 2월 16일 두 사람은 첫 데이트를 했다.

　　"그 때는요 제가 정말 절망을 했었어요. 유학을 갈려고 해도 그렇게 돈이 안 모아지잖아요. 나이만 가고. 주변 보니까 거품경제로 같은 또래들은 다, 뭐 청춘을 즐기고 있는데 내가 어렸을 때부터 그랬잖아요. 전생에 무슨 죄를 지어서 나는 이럴까… 생각을 하고. 계속 이럴 거면 살아봤자 뭐하는 걸까. 그런 생각을 해서. 그 때는 온통 세상 모든 것에 분해서. 그래도 뭐 에라 모르겠다 하는 생각으로 그래도 뭐 돈은 벌어야 되니까. 그런 식으로 막 살았는데, 그런데 막상 죽을려고 하니까 어머니가 슬퍼하시겠다. 어머니가 앞으로 사셔야 될 세월 생각하면 그런 것도 못하겠고. 근데도 살고 싶지가 않고 그랬었는데. 우리 남편이 회사 사람들이랑 오면서 자꾸 농담을 해요. 주변 사람을 웃기게 해서 그런 밝은 성격이예요. 이 때 우리 시어머니가 하는 말이. 우리 남편이 입에서 먼저 태어났다고, 하도 시부랑대서 초등학교 때는 테이프로 입을 붙였데요."

　　"근데 나도, 아빠 없이 자라서 한 부모 가정에서 자라는 자식 심정을 잘 알잖아요. 그 때 첫째 아들 젤 위에 아들 표정이 어두웠어요. 그 당시 나하고 이렇게 내가 떠오르는 거죠. 애를 보면. 그 때 첫째가 중학교, 둘째가 초등학교, 막내는 아직 초

등학교도 안 갔을 땐데. 맨날맨날 올 때마다 남자끼리만 오고. 혼자 아이를 키우는 어려운 형편인데도 그렇게 밝게 주변 사람들을 웃게 하는 그게 매력이었죠."

웬수같은 왜놈 남편
'이혼남에다 자식이 셋이나 되는 웬수같은 왜놈'한테는 절대 시집보낼 수 없다며 어머니는 '죽자 사자 고함을 치면서' 그녀를 1주일 동안 방에 가둬두었다. 그리고도 모자라 '그런 놈이랑 결혼할 바에는 그냥 내 손으로 죽이겠다'며 때리기도 했다. 급기야 그녀는 두 번의 가출을 감행하고서야 도망가다시피 결혼에 성공했다.

시댁의 누이와 형님 또한 '나이어린 여자가 제대로 애들을 키우겠냐'며 반대를 했지만 시어머니만은 그녀의 사정을 듣고 따뜻하게 맞아 주었다.

오래전 '한반도에서 온 사람들'을 많이 도와준 경험이 있는 군인 장교 출신의 시아버지 또한 다행히도 그녀가 재일조선인이라는 것에 대해 거부감은 없었다.

우주인이 하는 말
그녀의 본적은 '경북 칠곡'이다. 결혼 전까지는 조선적을 가지고 있었기에 친구들은 그녀에게 조선적'을 고집하기 때문에 고향에도 못 간다며 말했다. 첫 딸을 낳고 1998년 처음 가족과 함께 한국을 방문했다. 그녀는 일본인 남편에게 한국이라는 나라를 보여주고 싶었다. 어머니와 함께 '임시여권'을 발급받아 남편과 딸과 함께 입국할 때, 외삼촌의 행적과 조선학교를 다닌 그녀의 과거 때문에 '붙잡혀 가게 될까봐' 너무도 무서웠다.

"남편하고 우리 딸하고 어머니하고 저랑 넷이서 갔거든요. 혹시 내가 잡혀서 못 들어가게 되면 당신이 딸 데리고 둘이서, 당신이 가서 애들 잘 키우라고."

그때 보았던 한국은 조선학교에서 들었던 '헐벗고 굶주리고 불쌍한 사람들 모습'과는 전혀 달랐다. 심지어 조선학교에서 배웠던 '한국말'은 텔레비젼을 통해 한국 뉴스에 나왔던 한국말과도 달랐다.

'정말 우주인이 하는 말'처럼 뜻도 달라서 그녀에게는 너무도 충격이었다. 평소 일본인 남편에게 '딸에게도 한국인의 피가 있으니 반쪽은 한국사람으로 키우겠다'며 큰소리를 쳐 왔던 것이 너무 부끄러울 지경이었다.

그래서 돌아가자마자 한국어 공부를 시작했다. 또한 '경상도가 고향인데 국적이 왜 조선이냐고' 하던 남편의 권유로 31살 즈음 한국국적을 취득했다.

"남편은 자기가 일본 사람이니까 애는 일본 사람으로 키우겠다, 그러는 거예요. 나는 그게 도저히 받아들일 수가 없어서. 나 반쪽은 나는 한국 핏줄이 있는데 전혀 일본 사람으로는 만들 수 없다 싶어서… 그리고 우리학교에서 가르치는 말하고 한국말 전혀 다르거든요? 제가 학교를 졸업하고 거의 십 몇 년을 안 쓰니까 거의 잊어버리는 거예요. 근데 한 번은 티비로 한국 뉴스를 보니까 정말 우주인이 하는 말처럼 전혀 뜻을. 영어면 약간은 알아듣는데 그 정도를 못 알아들어서 충격을 받았죠. 이래서 내가 내 자식을 한국인이라고, 긍지를 갖고 자각을 갖고 키우겠냐 싶어서 그 때부터 한국말 배우기 시작했고요."

뿌리가 없는 나무

그녀가 통역일을 하게 되면서 가장 기뻤던 일은 '한국 사람들을 만나고 한국에 대해서 더 알게 되는 것'이었다. 또 한편으로는 통역일을 할수록 '날마다 커지는 생각'이 '나는 일본 사람이구나'라는 느낌이었다.

'나는 한반도에서 온 사람'이라고 생각했던 때와 다르게 한국 사람들을 대할 때마다 '점점 더 몰랐던 예법과 풍습'을 만나게 된다.

그들이 '조선반도에서 옮겨올 때', 모든 사고방식과 문화는 그 시간에 멈춰있었다. 그때의 예법과 말투를 아직까지 쓰고 있는 재일동포 3세들에게는 '현재의 한국'은 낯설기만 하다. 일본에서 나고 자랐지만 일본의 풍습이나 예법조차 배울

기회가 없었던 그녀는 결혼을 하고서야 일본의 음식문화와 예법을 하나하나 제대로 배울 수 있었다. '일본 나라 풍습도 모르고 우리나라 풍습도 제대로 모르고' 살아왔던 세월동안 그녀는 '뿌리가 없는 나무'였다.

"나는 내가 통역 일을 하면서 날마다 커지는 생각이 뭐냐면 아, 나는 일본 사람이구나 하는 생각이 많이 들어요. 그 때까지 그런 상황에서 컸으니까 나는 당연히 한반도에서 온 사람이다 그런 생각을 했는데. 풍습도 그렇고 사고방식도 그렇고 절 하나 하는 것도 그렇고 다 일본식이라서, 그 우리나라에 대해서 전혀 모르잖아요? 우리 집안이 한국 사람이라 하는 걸 고집하면서 있었는데도, 근데 먹는 것은 김치나 그런 거 먹지만 제사하나 보더라도 실제 한국에서 하는 거랑 다르잖아요. 그러면서 일본에서 사는데도, 나서 자라는데도 일본 풍습을 전혀 모르고. 우리 남편이 일본 풍습을 많이 존중을 한다고 할까 소중히 해요. 옛날 결혼했을 당시는 설날, 신정 날에는 기모노를 입고 그런 식으로 하는 집안이어서. 제가 일본에서 나고 자랐지만 일본 풍습을 우리 남편이랑 결혼하고 우리 시댁에서 다 배운 셈이죠."

"일단은 저는 일본 사람이랑 결혼을 했길래 우리 딸은 그 정체성에 대해서 고민을 안해도 되겠다. 그게 내 때에 그걸 끝낼 수가 있어서. 그건 다행이다. 다행이다 라는 표현이 딱 맞지는 않지만, 결과적으로 더 이상 고민을 안 해도 되니까. 우리 딸은 자연스럽게 나는 한국 핏줄이 내 몸 안에 있다는 거를 알면서 사니까. 근데 나는 일본 나라 풍습도 모르고 우리나라 풍습도 제대로 모르고, 말도 그렇고. 내가 우리 세대 사람들이 하는 말이 우리는 뿌리가 없는 나무다, 그런 식으로 표현을 해요. 뿌리가 없으니까 안착이 안 되잖아요. 그 뿌리를 일본에 그냥 둘 건지, 다른 나라에 묻을 건지 그것을 내가 선택을 해야 된다 하는 거니까."

월숙, 달처럼 세상을 훤히 밝혀라

다행히 그녀의 여동생 두 명은 무사히 공부를 마치고 간호사로 일하고 있다. 조선학교를 중퇴한 남동생은 '조선적에다 재일교포에다가 중졸'이라 제대로 된 일자리를 구할 수가 없었다. 막노동이나 '인테리어 공사'가 고작이지만 그것조차 경기에 좌우되는 열악한 직업이었다. 이혼 후 갈 때가 없던 동생은 지금 그녀의 집에서 함께 살고 있다. 그녀의 이름 '월숙'은 어머니가 지어 준 이름이다. '쨍쨍하게가 아니고 훤히 세상을 밝혀라'는 의미이다.

교토부

-
똥9조 0번지

-
교토뱀장어집

-
아슬아슬한 기억의 고백 | 김영철

데찌보꼬(견습생) 아버지 | 한약과 김치냄새가 나는 집 | 메달과 뱃지처럼 달고 있던 모순들
조총련계 대학, 조선대학교 | 3K, 마루에(丸惠)염색공장 | 민단의 간첩, 약간은 빠알게 봤지
가와사키 마을의 대학생 봉사활동 | 요꼬하마의 그녀 | 한국공항에 내리는 게 제일 무서웠다니까
내 것이 없는 교포 | 어머니, 시골의 미소라 히바리 | 마음 속에 깊이 남겨진 불씨
우리학교 꽃은 무궁화, 교토국제학원

-
해적을 만나서 주저앉은 땅 | 박의순

해적을 만나다 | 니시진오리 가부시키(株式)
아이누족, 오키나와족 그리고 조센진 | 신사에서 마작하던 평생 친구들 | 고정 야근 수당 1만 엔
스포츠카를 싣고 찾아간 고향, 청도 | 불국사 불상의 금메끼 | 간꼬꾸께 니혼진

-
우롱차 시켜놓고 트로트로 배운 한국말 | 황영주

야기 함바집 | 백자가 된 조선요강 | 어머니의 카요이 | 태양하고 달 밖에 니한테 줄게 없어
낙동강을 닮은 강, 오이가와 | 폭우로 날아 간 돼지 | 날마다 김일성 | 아직 등록이 조선이야
아버지집 버드나무집 | 빈 몸에 고무쪼리 차림으로 내린 하네다역 | 일가는 누구든지 50만 엔
우롱차 시켜놓고 트로트로 배운 한국말

똥9조 0번지

교토 중심부를 관통하는 잿빛의 강, 가모가와.
도시는 천황이 사는 곳을 중심으로 동서방향의 대로가
1조(条)에서 9조(条)까지 나뉘져 있다.
오래 전 강둑은 무허가 판잣집으로 빼곡했던 '부라쿠'였으며,
'9조'에 해당되는 지역, '히가시쿠죠'였다.
사람들은 그곳을 '똥9조'라고 부르기도 하고, 지번조차 얻지 못해
'0번지'라고도 불렸다. 그곳에는 일본의 최하층민들과 식민지 시기에
징용되거나 일자리를 찾아서 온 조선인들이 함께 살았다.
전기와 수도시설조차 없었던 그곳에서 그들은 단순막노동이나
고철업을 하면서 생활했다. 1964년 동경올림픽을 맞아 교토 신칸센이
건설되면서 판자촌은 철거되었다. 젊은이들은 모두 떠나가고
지금은 몇 안 되는 1세대 재일조선인들만 남았다.
1990년대에 들어서야 교토시는 시영아파트를 지어 그들을 이주시켰다.
그나마 재일조선인들에게는 신청 자격조차 주어지질 않았다.

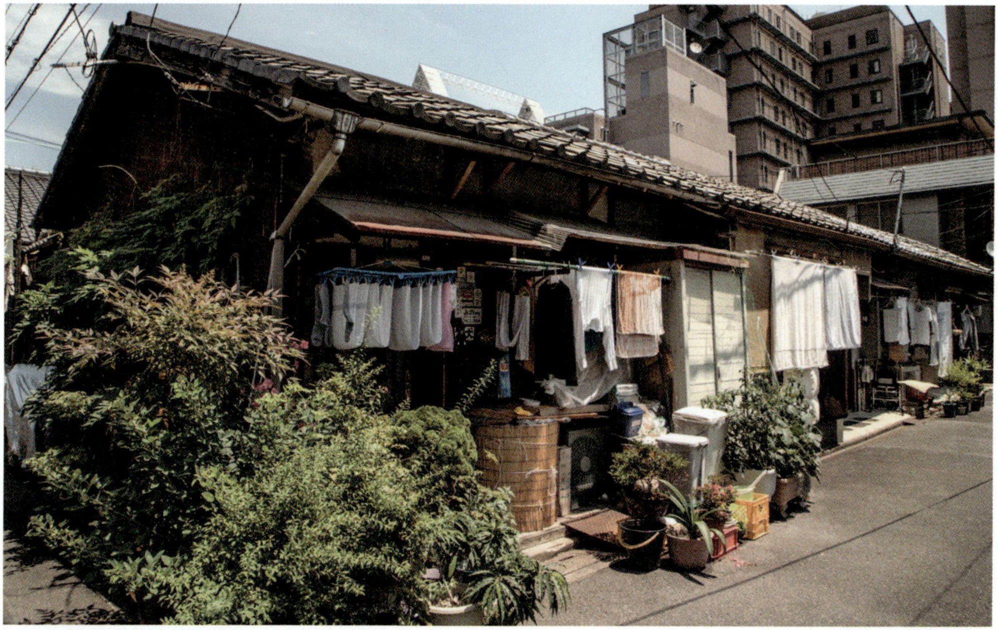

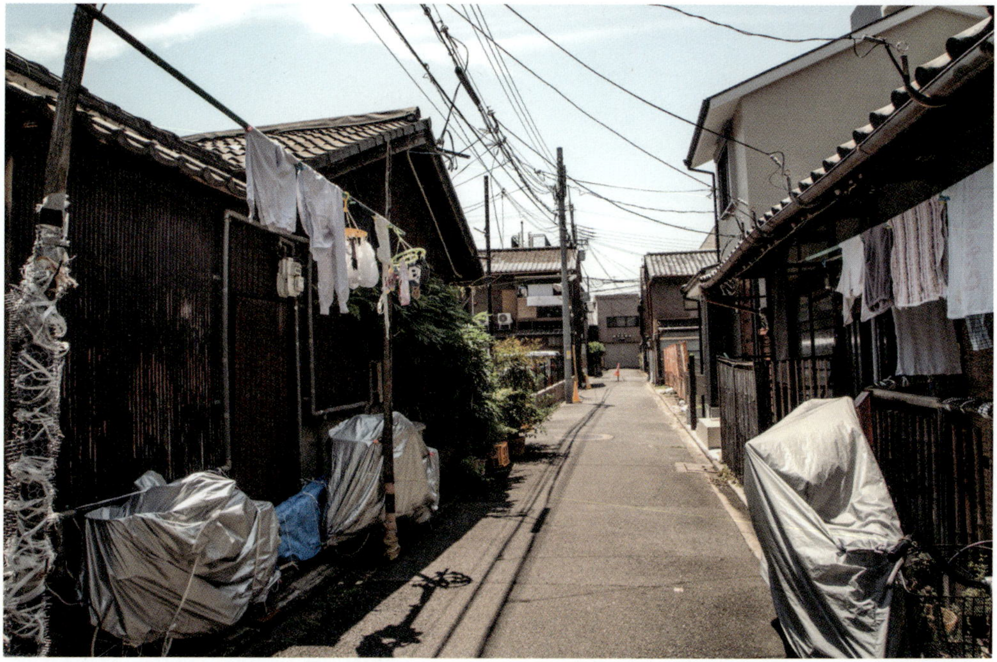

교토 뱀장어집*

교토 뱀장어집
천년 넘도록 수도였던 곳
자부심이 오지게 충만하고
일본에서도 가장 배타적인 곳, 교토

"입구는 1~2미터, 안은 쭉 20미터"
놀랄 만큼 같은 기울기의 닮은 꼴 지붕
옹색하게 겹쳐지고
까다롭게 숨겨놓은
문 바깥은 또 다른 힘겨운 문
모든 방은 복도에서 이어지고
현관은 극도로 좁아졌다.

봄, 여름, 가을, 겨울
"입구는 알아도 안은 모르는"
충혈된 뱀장어집

* 뱀장어집 : 재일동포들이 교토의 '좁고 긴 주택형태'를 빗대어서 부르는 말

아슬아슬한 기억의 고백

김영철 (1945년생, 2세, 경북 고령군 운수면 유리, 교토부 교토시)

데쩨보꼬(견습생) 아버지

1934년경 그의 아버지(1918년생)는 결혼 전부터 알고 지내던 처가의 작은 외삼촌을 통해 교토의 염색 공장에서 일하게 되었다.

"머슴살이 같은 걸 하고 한 달에 하루만 노는 날을 받고, 월급이라기 보다는 용돈 조금 받고, 다 모았다가 할머니 만나러 한국에 갔대요 아버지가. 그 때 그러니까 월급이 5엔이라 카면 1엔만 남기고 4엔은 저금하고 그래하셨단 이야기를 들었어요."

1년에 한 두 번 씩 꼬박꼬박 '경북 고령'에 있는 할머니를 만나러 다녔던 아버지는 고향 가는 여비로 모은 돈을 거의 다 쓰다시피 했다. 나중에 할머니의 천식이 깊어져 삼촌은 할머니를 모시고 도회지로 옮겨와 살았다. 대구 대봉동이었다.
결혼 전 부터 알고 지내던 집안의 아버지와 어머니는 자연스럽게 결혼에 이르렀다. 그때 아버지는 28살이었고 어머니는 20살이었다. 결혼 이후 동업으로 염색 공장을 운영하던 아버지는 그가 초등학교 5학년이 될 무렵 혼자 독립했다. 때맞춰 한국에서 고등학교를 다니던 둘째 삼촌이 '징집을 피해서' 일본으로 들어왔다.

한약과 김치냄새가 나는 집

그가 어릴 적 살던 동네는 한국 사람이 거의 살지 않는 곳이었다. '맨날 한약 다리고 김치 담그는' 모습을 보고 자란 그는 일본 친구들로 부터 '이상한 냄새가 나는 집'에 산다고 자주 놀림을 받았다. 그러면 그럴수록 '공부 지면 안 되고 싸움 지면 안 되고 스포츠도 잘 해야' 했던 그는 초등학교 때부터 야구부 주장이며 학생회 회장까지 도맡아서 했다.

"동네가 일본 사람들 동네라. 한국 사람이 없고. 그런데 우리 집은 맨날 한약을 다리고, 김치 담고 그런 거잖아요. 그래서 냄새가 다른 일본 사람 집이랑 다르잖아요. 그러면 일본 친구들이 오면은 야, 니네 집은 이상한 냄새가 난다. 그렇게 뭐 이지메 같은 거 있잖아요. 하여튼 그런 거 부끄럽고 어디 감추려고 노력했지요. 초등학교 한 6학년 정도까지는."

그가 중학생이 되었을 때도 아버지는 계속 염색공장을 했다. 어머니는 몇 푼이라도 더 벌 요량으로 '야미(闇)' 쌀장사를 시작했다. 매일 정오가 되면 어머니는 학교 근처 역에서 쌀을 받아왔다. 친구들은 '가네야마(김영철 통명) 엄마'라고 수군거렸고, 그는 부끄러워서 다른 길로 돌고 돌아 학교를 다녔다.

그렇게 중학교 2학년이 되자 '뭔가 달라져야겠다'고 생각한 그는 점심시간을 틈타 어머니 대신 쌀을 받으러 간 적이 있었다. 쏟아지던 비 때문에 쌀포대를 실은 자전거가 미끄러운 길바닥에 엎어져 나뒹굴었다. 어린 그는 그 자리에 주저앉아서 하염없이 울었다. '부끄럽고, 챙피하고, 분해서' 한참동안 울었다. 그 일이 있은 후 부터 그는 '좀 더 똑바로 살아야한다'는 생각을 했다. 쓰디쓴 '자각'이 그의 가슴을 떨리게 했다.

"그럴 때 정말 거기서 울었어요. 내가 부끄럽고. 뭐 챙피하고 뭔가 분하고, 그런 거 있잖아요. 복잡한 심정인데. 그 당시에 거기서 그 때부터 정말 여러 가지 생각이 달라진 거. 아, 아니다. 내가 좀 더 똑바로 살아야 한다는 생각을 그 때 했어요. 그 때 정말 기억이 생생해요."

"중학교 2학년 때 뭐 우리 집에 어머니가 암쌀장사, 쌀장사를 이제 불법으로

하고 있었어요. 그래서 뭐 시골에서 쌀을 가져 오는 걸 사고, 개인집에 파는 일 하고 아버지는 계속 염색공장하고 그랬는데 뭐 살림은 괜찮게 살게 되었고 그랬는데. 뭔가 조센진 조센진 하는게 많았어요. 우리 학교 가면은. 초등학교 때도 그렇고 친구들이 몇 명이 그렇게 사이 좋은 친구도 마지막에는 야 니 조센이지 그런 식으로 됐어요. 그래가지고 나는 하이튼 어릴 때부터 공부 지면 안 되고 싸움 지면 안 되고 스포츠도 잘 해야 한다 그 일념으로 정말 컸어요. 뭐 그게 우리 교포 애들이 다 그렇게 컸어요. 그러니까 계속 전부 학교 반장도 하고 학생회 회장도 하고 초등학교 때부터 그래요. 중학교 들어가도 야구부 주장도 하고. 학생회 회장하고 그랬어요. 공부도 잘 했구요."

메달과 뱃지처럼 달고 있던 모순들

새로 온 중학교 담임선생은 역사시간을 빌려서 '조선'에 대한 수업을 따로 해주었다. 일본학교에서 조선의 역사를 들려 준 것은 처음이었다. 담임은 얼마가지 않아 먼 시골학교로 쫓겨나게 되었지만 그로인해 그는 내내 편두통처럼 머리가 뜨끈했다. 알 수 없는 부끄러움과 분노, '절대 지지 않아야 하며 늘 잘난 척 해야만 했던' 그는 '자기 안의 모순'이 어디서부터 비롯되어진 것인가를 처음 스스로에게 되묻게 되었다.

"자각이 있었잖아. 그렇다고 우익에서의 생각은 별로 없었잖아. 근데 그 선생님 이야기를 듣고, 내가 부끄러워할 건 하나도 없다. 아까 그 쌀장사 하는 어머니를 마중 나갔다고 한 것도, 그래서 내가 왜 떳떳하진 못하더라도 부끄러워 할 필요는 없다. 하는 걸 처음해가지고 그 때 모순이 내 속에 내가. 암튼 뭐 그러니까 여자 친구 앞에서 잘난 척도 해야 되고. 야구부 주장, 학생회 회장이고 신문부의 국장이고 뭐 전부 같이 다 그러니께, 메달같잖아요. 모여있는 뱃지들 다. 뱃지 뱃지."

조총련계 대학, 조선대학교

그가 중학교 2학년이 되던 해 바다 건너 조국에서는 민주화를 위한 4·19혁명이 일어났다. 일본땅에서의 새로운 움직임도 만만치 않았던 시기였다. '조선문화연구회'와 '조선인 고교생의 회' 같은 소그룹이 만들어졌으며 고등학생이 된 그는 홀린 듯 조직활동을 이어갔다. 교토와 효고 또는 오사카와 고베 연합을 비롯하여 10개 이상의 소모임들을 결성하여 열심히 활동했다.

초기에는 '통일'을 목표로 한글공부나 역사강의 또는 한국 노래들을 배우며 주체적인 역사의식을 심어주는 활동들이 주였으나 차츰 '좌적인 경향'으로 '조총련계 지도부'들의 영입 등 여러 가지 문제가 발생했다.

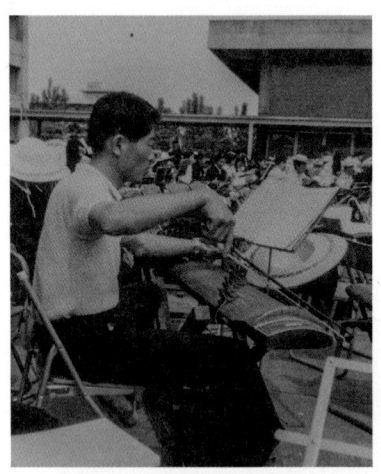

이를 계기로 '세계관의 변화'까지 겪게 된 그는 고등학교 3학년 때 조총련계 대학인 '조선대학'에 가기로 결심하게 되었다. 주위의 만류에도 불구하고 결국 그는 도쿄에 있는 조선대학교 정치경제학과에 진학했다. '정치경제학'을 통한 사회활동에 대한 의미보다는 그저 '우리 조국'을 알고 싶어서였다.

유치원에서부터 고등학교 3학년 때까지 11년간 일본말로 일본을 공부했던 그는 '한국'이 너무 알고 싶었다. 그는 '현재의 정치와 경제를 공부하는 것'이 그 나라를 가장 빨리 알 수 있는 방법이라고 생각했다. 역사공부를 좋아했던 그였지만 당시 '역사는 조선학교를 나온 학생들이' 또 '정치경제는 일본학교 출신들'이 대부분을 차지했다.

"정말 뭐 이상하게도 우리가 일본 유치원서부터 일본학교 쭉 다녔다는 건. 완전 마음이 일본 사람이잖아요. 암만 내가 그렇다, 한국 사람으로서의 자각을 가졌다고 해도 뭐 마음 한구석에는 항상 내가 한국인이다, 조센진이다 내 자신이 컴플

렉스가 그냥 없어지지가 않아요. 아주 복잡한 그런 건데. 그러니까 뭐가 달라졌나 하면은 나 자신을 속이느냐 하는, 한국 사람이란 걸 겉으로 어느 레벨까지는 뭔가 감출 수 있고 내가 자신있게 한국 사람이라고 말할 수 있지만은 깊숙이 안에는 그래도 뭔가 열등감이 솔직히 정말 남아있었어요."

3K, 마루에(丸慧)염색공장

조선대학교를 졸업할 때쯤 '조직'에서는 그를 '조선장학회'에 배치했다. 그러나 그는 부모님과의 약속을 지키기 위해 '뒤도 돌아보지 않고' 집으로 돌아와 공장을 맡았다. 당시 염색공장은 냄새나고(쿠사이) 더럽고(키타나이) 힘들다(키츠이)라는 의미로 '3K'라고 불리면서 사람들이 기피하는 직업에 속했다.

그는 주산실력이 뛰어났던 초등학교 때부터 수금을 하거나 매상장부를 정리하는 일을 도와주곤 했다. 그가 초등학교 때는 한 달 50만 엔이 목표였고, 중학교 때는 100만 엔이 목표였다.

가슴 속에 '불씨는 계속 남아 있었지만' 현실적으로 그들에게는 '일하는 것' 말고는 아무것도 할 수 없었다. 모두가 그렇게 살았다. 대학을 졸업했던 70년대 이후 다행히 10년 정도까지 염색공장은 매우 경기가 좋았다. 그는 땅도 사서 200평 정도의 공장을 다시 지었다.

대부분의 기계가 수동이었던 아버지 때와 달리 그가 맡은 이후 공장은 차츰

기계화로 바뀌어갔다. '기모노 제작하는 기술도 높아졌지만' 거기에 적합하게 '가공하는 과정' 또한 기계화를 추진했다. 그렇게 40년간 공장을 맡아왔던 그는 부적처럼 지니고 있던 장남으로서의 의무를 동생에게 넘겨주었다. 이후 공장은 둘째 동생이 전적으로 맡아서 운영했으나 갑자기 나빠진 경기로 인해 결국 부도를 맞게 되었다.

"일본 기모노, 기모노 가봉입니다. 그래 하얀 베에다가 그걸 염색공장에서 색칠을 하지 않습니까? 색을 점착 시키는 과정입니다. 되게 냄새나고 더럽고 무겁고 하는 3K, 쓰리케이 일이예요. 그래서 한국 사람들이 많았어요."

민단의 간첩, 약간은 빠알게 봤지

어릴 적부터 부모님들은 '민족'에 대한 남다른 애정을 보여주었다. 그것에 대한 감사함은 그가 조선대학교를 들어가고 나서 더욱 절실하게 느끼게 되었다. 그의 아버지를 처음 일본으로 불렀던 작은 외삼촌은 민단의 중앙 간부로서 굉장히 중요한 위치를 차지하고 있었다. 난데없이 그가 조총련계 '조선대학교'를 진학하는 바람에 '무슨 이유로 그 학교엘 가냐'며 영사관에서 사람들이 찾아오기도 했다.

그는 학교를 다닐 때에도 '민단의 간첩'이라는 말을 종종 듣곤 했다. 조선대학교의 4년 동안 기숙사에서 함께 친구들과 동고동락하면서 그는 차츰 변화해 갔다. 주체사상학습과 더불어 '마음으로는 충분히 투사'였던 20대의 그를 한때 친구들은 '평양 출신 김영철'이라고 부르기도 했다.

"나는 이야기 했지만은 나는 부모한테 감사한다는 게 뭐였냐면은. 아주 민족적인 것을 가르쳐줬다. 집에서는 일본말을 쓰지만은 애를 한국학교 보냄으로써 나도 그랬으면은 한국말 하기가 아주 쉽고. 애들도 아부지아부지 엄마엄마 하잖아요. 그렇게 부르잖아요. 일본 고등학교를 다니면서도. 그런 의미에서는 뭐라고 할까. 다른 유치원부터 초등학교때부터 조선학교 다닌 애 하고는 좀 다르죠. 우선은 말을 제대로 못하는 게 있지 않습니까. 고등학교 시절부터 조금 배웠다고 해도 제대로 못하잖아요. 대학에 들어가보면. 그거를 배우는, 습득이라고 해도. 암만 거서 잘한다고 캐도. 조선학교 계속해온 애들만큼은 못하죠. 나는 그런 의미에서는 나는 뭐 빨갛다기보다는 핑크색이지. 그런 건진 모르겠지만은. 약간 빠알게는 봤지."

가와사키 마을의 대학생 봉사활동

대학생이었던 그가 마을 봉사활동을 갔을 때였다. 그 활동들은 대체로 '교포들과 함께 생활해 나가면서 그들을 위해서 장차 미래에 어떤 일을 해 나가야하는지 공부하자'는 것이 주목적이었다. 가와사키에 있던 마을에는 400세대 정도의 재일동포들이 살고 있었다. '태극기와 북한국기'가 한데 뒤섞여 전봇대를 칭칭 휘감은 채 곳곳에서 펄럭이고 있었다. 대학생들은 주민들에게 한국말을 가르치기도 하고, 북한의 실상을 교육시키기도 하고, 마을의 애로사항들을 들어주기도 했다.

그렇게 몇 주일을 마을에서 지내던 중 그의 눈에 들어 온 한 여자가 있었다. 날마다 아기를 안고 있던 그녀가 결혼도 안한 처녀라는 것을 안 순간부터 그는 가슴이 뛰었다.

어느 날 우연히 초대받아 간 집에서 먹게 된 김치와 된장찌게 맛은 '완전한 어머니의 손맛'이었다. 그는 속으로 '이 집 딸과 결혼하면 평생 이 맛있는 음식을 먹겠구나' 하고 힐끔거리다 그녀의 눈과 마주쳤다. 그의 가슴을 뛰게 했던 바로 그녀의 집이었다. 그녀의 이름은 임원자, 그보다 한 살이 많은 재일동포 2세였다.

"그때 젊은 사람들의 정말 여왕 같은 사람이었어요. 맨날 아를 안고 있으니까, 나는 남의 와이푼 줄 알고 했는데 그게 지 아가 아니고 작은 집에서 아들하나 얻고, 그 아를 양자로 받은 거야 양자로. 그래가지고 양자를 이리 안고 있던 거를, 지 아이를 안고 있는 줄 알고 포기할라 카다가 아닌 걸 알고 확."

"나는 그러니까 김치하고 된장, 다른 집에서 못 먹었어. 우리 어머니 꺼 밖에 못 먹었어. 그런 거잖아요. 김치랑 된장찌개 그런 건. 뭔가 다른 집에서 먹을 생각이 안 나잖아. 그런 거 있죠? 그런데 그 집 어머니꺼 먹으니까 맛이 글케 좋더라고. 그래가지고 여기 딸이 있으면은 꼭 내가 이거 먹겠는데. 하고 보니까 딸이었잖아."

요꼬하마의 그녀

그는 봉사활동을 마치고 도쿄로 돌아오기 전 날 그녀에게 전화를 했다. 만약 약속한 시간에 요코하마역 야마시타 공원으로 그녀가 온다면 그는 결혼까지도 할 생각이었다. 마침내 태풍으로 쏟아지는 사나운 비를 뚫고 그녀가 나타났다. 그는 가지고 있던 우산을 재빨리 접어 넣고 그녀와 나란히 우산 속을 걸었다. 그날 이후 두 사람은 가와사키와 도쿄의 중간지점에서 만나 데이트를 했다. 5년을 열심히 연애하고 결혼했다. 그러나 두 사람의 어머니들은 결혼을 심하게 반대했다.

　1959년부터 북한은 '지상낙원'이라고 선전하며 일본 사회에서 차별과 냉대로 뿌리내리지 못하고 있던 재일동포들을 9만 명이상 북한으로 실어 날랐다. 일본정부 또한 치안 상 골칫거리이자 식민지배의 잔재인 이들을 추방할 기회로서 북한에 적극 협조했다. 그러나 귀환한 사람들은 얼마 못가 일본에 남은 가족들과 소식이 끊겨 이산가족이 되었다. 북한은 조총련 고위간부들이 보낸 가족들을 사실상 인질로 잡고 있었던 것이다. 학생시절 그의 아내 또한 귀국선을 탈 뻔했지만 먼저 떠난 고모와 할아버지, 할머니의 실상을 전해 듣고 분노로 치를 떨었다. 장모는 '조총련이 아닌 그'와의 결혼을 결사반대했고, '민단집안'인 그의 어머니는 '다 큰 아들'에게 손찌검까지 했다.

　"우리 어머님은 그래도, 조선 여자니까. 왜 그러니까 서로 막 공부는 시켰지만은 거기까지는 안갈 줄 알았지. 우리 집은 그러니까 아까 우리 할배가 그렇고. 민단 집이라요. 한국의 보수적인 집이잖아. 우리 부모는, 아들이 그리 좋다면은 민족적으로. 아버지는 그러니까 반대도 안 하셨어요. 니가 좋다면 괜찮다, 장가가라. 어머니는 결사반대."

한국공항에 내리는 게 제일 무서웠다니까

1970년대 중반, 결혼을 하고 30대가 되어서야 처음 어머니를 모시고 아내와 함께 고향을 방문했다. 경북 고령은 그때까지 '손만 들면 직행버스가 멈추던' 때였다. 당시 삼촌은 대구로 옮겨와서 시골에서 친척들이 농사지은 쌀을 받아다가 팔고 있었다.

그가 처음 한국의 공항에 내렸을 때는 불안함과 알 수 없는 감동으로 목이 메었다. 우선 '조선학교에 다녔던 이력 때문에 간첩으로 몰릴까봐' 무서웠고, '여기가 내 땅, 내 나라다' 싶어서 왈칵 눈물이 쏟아졌다.

"우선은 무서웠어. 내가 그런 학교 나왔으니까 무섭죠. 뭐. 무서운 거 자체가 그렇고. 몰라, 그거하고 동시에. 아, 여기 내 땅이다. 하는 걸. 그래서 감동했지. 그러니까 그런 건 내 꺼란 게 없잖아. 내 꺼라는 거. 내 것이라는 것. 내 나라가 아니고 여기 이러면서 걷고 그러니까. 그러면서 아, 여기가 내 나라다. 내 땅이다. 라는 그런 걸 생각했는데 감동이었지."

내 것이 없는 교포

그에게는 '일본말로 얘기하면서도 그걸 한글로 소화하려는' 오래된 버릇이 있다. 일본어를 모어로 하여 살아가는 재일조선인은 자신들의 민족적 아이덴티티를 만들어나갈 때조차도 일본어를 통할 수밖에 없다. 아무리 한글과 우리말을 익혔어도 결국 일본어의 정감으로부터 자유롭지 못했다는 재일교포 시인 김시종 선생의 말처럼 그 또한 강박적으로 한글과 우리말을 탐했다. '집 한 채 정도 팔' 만큼의 엄청난 비용을 들여 여기저기로 한국말을 배우러 다녔다. 무슨 일이든 꼼꼼하게 메모하고 확인하는 버릇조차도 중요한 삶의 태도가 아닌 '내 것이라는 게 없는' 남의 땅에서 이방인으로 살아가기 위해 어쩔 수 없이 만들어진 하나의 수단이기에 더욱 '화가 나고 불쌍한' 것이었다.

"정말 교포가 뭐냐 하면은 정말 내 것이라는 게 없는 거야. 그러니까 별 수 없이 돈 버는 거지. 그냥 내 땅, 내 집, 내 나라 같으면은 살면 되잖아. 괜찮게 살면 되잖아. 나는 어디 남한테 지지 않을라고 애쓰고, 왜 나는 누구하고 경쟁을 해야 돼? 그렇잖아. 나는 그렇게 생각했었어. 만약에 내가 한국에 있으면 누구하고 싸워? 싸울 필요가 없잖아. 왜 이걸 내가 일본놈들하고 이렇게 싸워야 되나. 아무 것도 아니야. 그렇지만은 지기 싫다. 그래서 하는 거다. 장사도 그래요. 상대가 전부 일본놈이잖아. 그것도 보수적인. 일본 기모노, 그거 장사하잖아. 장사하는 것도 그렇고. 염색공장도 다 일본 사람 이잖아. 거기서 쓰리케이. 더럽고 냄새나고 힘드는 일을 우리 한국사람들이 받아가지고 하는 거잖아. 하청으로. 여튼, 그 속에서 뭐가 있느냐. 이 악물고 그냥 고되게 참아내 갖고 그래 야, 니들 이렇게 산다는 걸 보여주자. 이런 생각밖에 없잖아. 나름대로 항상 내가 나를 꼼꼼하게 정말 체크하는 스타일이거든. 꼼꼼하다 그러기 보담도 일본놈들한테 뭔가 손해 안 받고, 그런 것도 항상 머리에 박혀 있었어. 그게 얼마나 불쌍해. 안 그래? 우리 집은 민단 집이라서 한국에서 시집온 사람이 여기, 그 사람이 여기 왜 지단장님은 그렇게 신경 많이 쓰세요? 이래. 근데 그게 버릇 되버린 거잖아. 내가 하고 싶어서 하는 게 아니야. 여러 가지 모임이나 조직에 여러 가지 뭐, 일을 하잖아. 하면서도 나는 하루에 있는 일, 전부 그런 걸 전부 다 내가 전부 메모해야 돼. 난 내가 그게 습성이 되버렸어. 그게 왜 그러냐 하면은, 참 겁이 너무 많아. 마음 놓고 생활을, 그렇게 살면 어떻게 해."

"업이요. 업이고 아집이고 아상이고. 그런거잖아. 그래가 지금 불교관계 책을 보면은, 마음이 조금씩 놓여요. 내가 아침에 민단에서 뉴스 보고 책을 봐요. 이거 역시 나름 점검이잖아요. 그런 게 중요하잖아. 나는 그러니까 내가 잘난 척 하는

게 아니지만은 너무 나라는 게 너무 세요. 정말. 그렇게 컸어요. 지면 안 된다는 생각에. 그러니까 그건 아마 이해되지? 지면 안 된다는 거. 정말 그게 컸고, 뭐랄까. 뭐라카나 정확히 순하다기보다 좀 안쓰럽다 할까? 안쓰럽다. 그 자세한 말 뜻은 모르지만 내가 보면 아는 한 안쓰럽다. 언짢다기보다는 안쓰럽다. 그런 분위기, 그런 말. 눈물 나."

어머니, 시골의 미소라 히바리

'어머니 맛으로 컸다'는 그에게 어머니는 특별했다. 음식솜씨가 좋은 어머니는 그가 아주 어릴 때부터 한국음식을 자주 해주었다. '김치, 된장, 비벼먹는 거와 국물'까지 '마늘냄새'가 신경이 쓰였지만 중학교를 졸업할 때까지는 '완전한 한국식'으로 먹었다. 그는 지금까지도 물김치와 김치를 담그고, 고추장까지 만들어 먹는다.

무뚝뚝한 경상도 출신의 아버지와는 달리 젊은 어머니는 '시골의 미소라 히바리, 한국의 이미자'라고 불렸을 만큼 노래를 좋아했다.

공장의 일꾼들에게 고기를 구워주며 회식이라도 하는 날이면 어머니는 빠지지 않고 그에게 고향의 노래를 불러달라고 시켰다.

'단장님의 미아리고개'는 어머니가 가장 좋아했던 노래이다. 그는 어머니가 좋아했던 노래를 배우면서도 한글을 익혔다. 레코드판에 쓰여져 있는 한글가사를 쓰고 또 써가면서 한글을 공부했다. 서른 살의 그가 불러주는 노래에 맞춰 '참새 같았던 어머니'는 덩실덩실 어깨춤을 췄다.

"어머니가 나를 그렇게 예뻐해줬어요. 어머님은 하느님 같은 분이잖아. 뭐 카면은 어머니 어머니 그래 컸잖아."

마음 속에 깊이 남겨진 불씨

일본의 동북지진이나 쓰나미로 인해 많은 인명피해가 뉴스로 보도된 적이 있었다. 쇼크였다. 그러나 한국의 세월호 사건을 뉴스로 보면서 솟구치는 눈물과 분노를 참을 수가 없었다. '내가 사는 일본땅'도 아닌 한국에서의 일이지만 그는 마치 '옆에서 보는 것 같은 고통'을 느끼고 '간절함'이 다가왔다.

그는 '내 나라 일'이면 '무조건 뭔가를 해야한다'고 늘 생각했다. '내 나라는 이북과 이남'이 상관없다. 10년이 넘도록 한글교실의 간사도 하고, 민단과 학교 그리고 경북 도민회 일까지 하는 것은 다른 사람보다 '조금 더 말할 줄도 안다'는 것 때문이었다. '잘나서도 아니고' 그저 '아는 사람이 아는 것을 해야 한다'는 것이 그의 생각이다. 그가 죽을 때까지 안고 갈 '마지막 남겨진 불씨'이다.

"일본은 지금 살면서도 별로 안 좋아해요. 음. 솔직히 안 좋아하다는 말이 이상하지만은. 우리 집사람하고도 맨날 그 문제 가지고 다투기도 하지만은. 뭐, 마음 속으로 참 마음 놓고 좋다, 여기 살고 있기는 하지만은. 참 목소리 크게 난 여기 다 하는 거. 그런 거를 못해보고 다른 사람은 몰라도 나는. 그래서 하여튼 뭐라, 은근히 내가 그렇게 한국 사람이다 하는 걸 뭐랄까. 나름대로 이해도 하고, 자기를 납득시키고 살아왔다는 게 사실이죠. 물론 모자란 점이야 내가 안 좋은 점도 많기는 하지만. 그게 결코 내가 도피하는 그런 수단으로써 우리나라를 생각해본 적도 없고. 일본 싫다고 하는 것도 거기서 나온 것도 아니예요. 그러니까 그거를 인정하고 살아야 하는 현실에 대해서 저는 내가 여태껏 배운 거 하고, 사회 경험을 하면서 많이 느껴온 것들 하면은, 항상 모순 속에 있는 거 같은 걸 정말 절실하게 느껴왔고. 지금 여러 가지 책을, 특히나 소회적인 그런 책을 읽으면서 내가 얼마나 잘났나 못났나 하는 거를 좀 이해를 하지만은, 아직 속 깊은 데는 아직까지 그런 불씨가 남아있는 거 같아요. 솔직하게 말하면 그런 심정이예요. 항상 내가 그런 걸 간직하면서 살고 있으니까 말은 그렇게 나와요. 솔직하게 하면 그런 거야. 내가 항상 생각하던 건 역시 내 나라 하는 거 이북이나 이남 상관없이. 뭔가 해야

한다. 하고 싶다. 지금도 저 옆에서 십 몇 년 한글교실에 간사도 하고, 민단에 일도 하고. 학교 일하고. 경상북도 그 뭐 도민회 이런 거 하는 것도 나한테 주어진 의무다, 사명이다 하는 식으로 내 받아들이고 있어요. 그러니까 내가 잘나서 그런 것도 아니고. 아는 사람은 아는 걸 해야 한다, 내 생각이거든요. 그래서 하고 있는 거고. 그런 의미에서 불씨가 남아 있다. 불씨가 있다. 아마 이건 죽을 때까지 가지고 있을 거 같고. 그런 의미입니다."

우리학교 꽃은 무궁화, 교토국제학원

현재 그가 부이사장으로 재직하고 있는 '교토국제학교'는 일본정부로 부터 인가받아 연간 1억 정도까지 지원을 받을 수 있는 1조교 학교이다. 이것은 일본의 학교교육법 제1조에서 정한 학교를 말하는 것이다.

과거 한국학교 시절과는 달리 학생 수도 줄어들고 일본학생들과 하프들이 더 많은 실정이다. 야구명문으로 이름이 나있는 학교는 일본학생들이 주축이 되고 있어 그는 더욱 고민이 많다. 일본학생들은 주로 감독들이 스카웃해 온 학생들이며, 한국에서 야구유학을 오는 경우도 점차 늘어나고 있다.

해적을 만나서 주저앉은 땅

박의순 (1950년생, 2세, 경북 청도군 금천면 방지리, 교토부 교토시 히가시야마구미)

해적을 만나다

그의 할아버지는 1929년 홀로 일본에 왔다. 이후 할머니가 8살이 갓 넘은 그의 아버지와 외삼촌을 데리고 일본으로 건너왔다. 가족들이 다함께 옮겨 오자 할아버지는 토목공사에다 골재 채취업까지 닥치는 대로 일을 해서 돈을 모았다.

전쟁이 끝나갈 무렵 어느 정도 돈이 모이자 할아버지는 고향 갈 꿈에 부풀었다. 고향에 돌아가서도 토목관련 일을 하고자 여러 가지 기계도 구입했다. 미리 구해놓은 배편으로 기계와 물건들을 먼저 실어 보냈다. 그러나 당시 전쟁과 어수선한 정세를 틈타 판을 치던 해적들에게 물건을 모조리 강탈당하고 말았다. '돈 한 푼 못가지고' 고향으로 갈 수는 없다고 생각한 할아버지는 다시 일본 땅에 주저앉고 말았다.

1945년 해방이 되었고, 1946년 6월 인도네시아로 징병 갔던 그의 아버지(박동현,1921년생)가 돌아왔다. 그의 아버지는 17살 때 취득한 덤프트럭 면허증을 갖고 운전병으로 차출 되었었다. 그들은 툭하면 전쟁을 일으키던 군국주의 일본의 격동기를 고스란히 몸으로 받아낸 세대였다.

"우리 아버지도 다 그래. 일본놈들 다 쓰고 있었잖아. 전쟁 끝나고 니는 한국사람이라고 나가라고 그렇게 했지. 그때까지 일본놈이 전쟁할 때는 다 오라 했다가 다 그리로 갔지. 다 죽어라고 했지. 그러다 나중에 다 가라했지."

니시진오리 가부시키(株式)

일본에서 다시 맨땅을 일구어야 했던 아버지는 전통공예직물인 '니시진오리' 기술을 배웠다. 염색한 비단실로 문양을 넣어 직조하는 '니시진오리'는 주로 기모노나 무대의상이나 예복 등에 사용되었다. 일본인 친구로 부터 직물 기술도 배우고, 여러 가지 필요한 물품을 구입하는 방법까지도 꼼꼼하게 배웠다. 수익이 나면 일본인 친구와 반을 나눠가졌다.

그의 할아버지는 그때껏 공사일을 따라 일본 각지를 떠돌아 다녔다. 그가 5살

무렵 동네의 구멍가게 앞에 서 있을 때 '툭툭 어깨를 치며' 다가온 인자한 미소의 할아버지와의 만남이 그가 기억하고 있는 할아버지와의 첫 만남이다. 맏이였던 그의 아버지가 결혼을 하자 할머니는 가난한 살림에 폐를 끼치면 안 된다며 두 아들을 데리고 한국으로 들어갔다. 그때가 1947년 이었다.

1954년도 무렵 아버지는 지금의 제일물산 윤인술 대표와 함께 동업으로 파친코 사업도 시작했다. 파친코 사업의 호황으로 1958년 경 직물공장은 그만 두게 되었다.

아이누족, 오키나와족 그리고 조센진

그는 3남 2녀 중 장남으로 태어났다. 그가 살았던 동네에는 한국사람이 거의 없었으며 한국인에 대한 관심조차 없었다. 초등학교 때에는 '조센진'이라고 놀리는 반 친구를 실컷 두들겨 패주기도 했다. 중학교 서류에 적혀있는 '한국'이라

는 국적을 보고 그는 처음으로 자신이 일본인이 아니라는 것을 알았다. 초등학교 5학년, 그가 목격한 최초의 장례식 풍경은 매우 낯설었다. 할아버지를 조문 온 손님들을 위해 온종일 끓여 나르던 음식 하나까지 선명하게 기억에 남아있었다.

어릴 적부터 음식도, 의복도 뭔가 달랐던 그는 어쩌면 자신이 '아이노 족이나 오키나와 족일지도 모른다'고 생각하기도 했다.

늦은 밤 잠든 자식들을 사이에 두고 부모님들은 종종 '경상도 사투리'로 대화를 나누었다. 그에게는 생전 처음 듣는 낯선 언어였다. 이후 한국 유학시절 그 말이 '한국말 사투리'인줄 뒤늦게야 알게 되었다.

"한국말 배웠는데 사투리가 되어버렸더라고, 사투리로 배운 건 아닌데 왜 사투리가 되어버렸는지, 우리말 배우기 전까지 부모님께서 하셨던 말이 그 당시는 무슨 말 하는지 전혀 몰랐는데 계속 귀에 그게 들리니까 그게 몸에 베여서 우리말을 배우기 시작하자 그게 나오는 거예요. 표준어로 배우는데 나오는 건 사투리로 나오는 거지요. 그래서 지금도 가이소, 오이소 하잖아요."

신사에서 마작하던 평생 친구들

그는 일본 사립고등학교를 거쳐 교토 산업 대학교에 진학 했다. 대학 전공과는 상관없이 그는 아버지가 일구어 놓은 빠친코 사업이나 야키니쿠 가게를 장남으로서 물려받는 일이 가장 중요하다고 생각했다. 그에게는 각별한 우정을 나누는 일본인 친구가 4명 있었다. '평생을 함께 할 친구' 4명은 고등학교를 함께 다닌 동창으로 그 당시 담임을 맡았던 선생님과도 함께 어울렸다. 일본 하치만구라는 신사에서 담임선생님에게 처음 마작을 가르쳐주며 놀았던 기억도 있다.

"신사니까 방이 넓잖아요. 그래서 대학 시절에 차도 있고 하니까 하치만구 신사가 약간 좀 교토에서 외떨어진 곳에 있는데 차로 그때 대학시절에 차가 있으니까 친구들이랑 같이 찾아가서 방이 넓으니까 거기서 마작놀이를 자주 했어요. 고등학교 동기 4명이 같은 대학을 갔는데 대학 가서 선생님을 만나서 마작을 가르쳐 드려서 마작을 하면서 놀았어요."

고정 야근 수당 1만 엔

그가 아버지의 부름을 받고 장남으로서 경영수업을 받을 때의 일이다. '1년만 다른데서 밥 먹고 와라'며 아버지는 재일조선인이 경영하는 'MK계열회사'로 그를 보냈다.

'MK 택시'에서는 한 달 5만 엔을 월급으로 받고 일했다. 주로 사무실에서 하는 행정업무였다. 또 'MK주유소'에서는 4만 엔을 받았다. 다른 직원들은 야간 근무를 많이 할수록 수당도 많이 지급되었지만 그는 3교대로 야근을 해도 월급과 합쳐 항상 6만 엔을 받았다. 직원들은 그가 받는 수당을 '고정 야근수당'이라고 불렀다.

"그 6만엔을 야근수당이라 안하고 고정 야근수당 이렇게 불렀어요. 고정 야근 수당이라고 부른 이유가 뭐냐면 제가 MK 들어간 때가 23살 정도였는데 그 이후에 22살 직원이 들어왔는데 그 직원은 이미 결혼을 했어요. 봉급이 4만엔인데 그 직원은 야근 수당이 시간 당 얼마 한 시간에 얼마 그리고 몇 시간을 계산해보니까 7만 엔을 받았더라구요. 근데 저는 한 달에 몇 시간을 야근을 한들 한달에 6만엔을 받아서 사람들이 고정 야근 수당 이렇게 불렀어요. 다른 사람은 야근을 길게 하면 길게 할수록 많이 받는데 저는 무조건 똑같이 받았어요."

스포츠카를 싣고 찾아간 고향, 청도

그는 초등학교 때 빠친코 가게 윗집에서 살았다. 기계소리만 들어도 정확히 맞출 만큼 원리도 잘 알았다. 대학교 때는 용돈으로 빠친코를 하면서 '굴려서 쓸 만큼' 따기도 했다.

그는 대학교 때 처음 만난 한국의 작은 아버지를 무척 좋아하고 따랐다. 두 명의 형제 중 한 명은 미국유학에서 돌아와 일본에 정착했고, 한국의 작은 아버지는 도시샤 대학을 졸업하고 다시 할머니가 있는 한국으로 돌아 간 분이었다. 그가 좋아했던 작은 아버지가 있는 한국으로의 유학을 결정하고, 처음 친구와 함께 한국에 갔을 때의 일이다. 일본에서부터 차를 싣고 한국으로 간 그는 당시 페리호를 타고 부산을 경유하여 대구에서 하루를 머물렀다. 그때 가장 높은 빌딩이 7층 건물이었다.

게다가 그가 스포츠카를 끌고 청도 골짜기로 들어갔을 때는 온통 엔진소리 밖에 들리지 않았다. 기름이 떨어진 차에 시골에서 구해다 넣은 기름은 잘 맞질 않았다. 그를 알아보던 동네 사람도 하나도 없었다. '이상한 차'가 '가라가라가라' 이상한 소리를 내며 그냥 왔다 갔거니 했을 것이다. 그의 아버지가 낸 성금으로 만들어진 마을 입구의 다리에는 아버지 이름과 나란히 그의 이름까지 새겨져 있었다.

불국사 불상의 금메끼

그의 아버지보다 '더 통이 큰' 어머니(이경재)는 88올림픽 성금요청이 왔을 때 걱정을 하던 아버지에게 '오히려 성금 해 달라는 말이 없으면 얼마나 섭섭한 일이겠느냐'며 아버지에게 면박을 준 적도 있었다. 또 그가 고등학교 시절에는 어머니는 경주 불국사 주지로부터 '불상 금메끼'가 필요하다는 얘기를 듣고 선뜻 80만 엔을 불사했다. 당시 일반인들의 한 달 월급이 4만 엔 정도 였을 때이다. 그리고 나이 든 1세대 재일동포 노인들을 위하여 '고향의 집'이라는 노인요양시설 건립에 많은 돈을 기부했다. '나이가 들면

고향이 그립고, 자기 풍습대로 살고 싶은 마음'을 헤아렸던 어머니는 아버지의 기부를 적극 권유했다.

"재일교포들 나이들었잖아요 1세. 일본도 노인 요양시설이 있는데 나이 들면 자기들 고향이 그립고 자기 풍습대로 살고싶잖아요. 그래서 일본 사람에서 지내기 보다는 교포 어르신들끼리만 지낼 수 있게끔 고향의 집이라는 노인요양시설을 지었는데 일본 돈으로 천만 엔 이상 기부를 했을 거예요. 교토도 있고 오사카도 있는데."

간꼬꾸께 니혼진

그는 한국에 가는 것을 좋아한다. 더 엄밀히 말하자면 한국에 가서 한국사람과 마주보고 한국음식을 먹고 한국 술을 먹는 것을 즐겨한다. 명동의 신촌국수전골과 벽제 숯불갈비와 버드나무집을 좋아한다. 맛이 기가 막힌 양곱창과 구수

한 곰탕을 친구들과 같이 아침 저녁으로 먹을 수 있는 한국은 그야말로 '기분좋은 곳'이었다.

"한국은 조국, 일본은 사는 나라지. 한국에 가면 기분이 좋아요. 일본은 사는 나라니까 그래서 별로 생각 안 나와요."

예순이 넘은 그에게는 4명의 자녀와 4명의 손주가 있다. '오로지 한국인'과의 결혼을 고집할 이유가 이제는 없다. 나이가 드니 생각도 바뀌었다.

자식들은 어릴 때 부터 자주 한국에 드나들었다. 그리고 결혼한 두 명의 자식은 1년마다 한 번씩 한국에 다녀오고 있다. 그는 사업가로서 오히려 통명 '아라이(新井)'가 더 자연스럽다. '일본에서는 일본인이어야 한다'는 생각이 차츰 더 깊어졌다. '한국계 일본인'으로 살아야한다는 것이다. '국적'이 중요한 시대는 이제 갔다.

"그런 생각 안 남아요. 좋은 사람 만나면 됐죠."

우롱차 시켜놓고 트로트로 배운 한국말

황영주 (1946년생, 2세, 경북 구미시 선산읍, 교토부 교토시)

야기 함바집

1927년경 일본 교토에서 자리를 잡은 부모님은 함바집을 차렸다. '노가다'하는 일꾼들이 먹고 자는 집에는 남자만 2~30명씩 들어찼다. 남자 형제들은 그렇다 쳐도 누나들과 여동생은 살 곳이 못되었다. 어머니는 시골에 조그마한 집을 하나 더 얻었다. 귀퉁이 화천부지에 마늘이나 고추를 심기도 하고, 몰래 돼지를 키우기도 했다. '재일교포 가는 길이 똑같이' 그랬다. 그의 학력은 '의무교육인 중학교'가 전부였다.

"함바라 하면 뭐, 그, 알지? 그래서 이제 어머이하고 아버지 있다가, 어떤 술을 맨드는 집을 얻어서 그래서 우리가 나도 태어나고. 아버지가 이래 하셨는데 본적이 없어. 어머니가 항상 이래 하시고 우리 다 키운다고 열남매 키운다고 고생했지. 아버지는 담배피고 있다고, 그렇게 없어도 술만 마시고. 그래서 내가 술 담배 안 하는 이유가, 술을 안 마시면 고양이지만, 술 마시면 그 때부터 호랑이 됐어. 그거는 하도 보기 싫어서. 나는 죽어도 술은 입에 안 댄다고 했어. 그래서 지금도 술 마시고 싶지만, 몸매가 안 받아줘. 빨갛게 완전히 원숭이 얼굴이 돼. 그러니까. 술은 안 돼."

백자가 된 조선요강

함바집을 하면서 어머니는 떡도 만들고 술도 만들어 팔았다. 당시 '탁배기'가 아니라 '소주'를 만드는 기술은 좀처럼 흔하지 않았다. '소주기계를 놔서 순사가 오면 잡힌다고' 모두 꺼려했던 일이었지만 어머니는 재주도 좋고 영민했던 분이셨다.

'탁빼리나 소주를 만드는 지 조사하러 다니는 순사'가 밤이 되면 함바집으로 찾아왔다. 그들은 올 때마다 '기름이나 따뜻한 물을 넣어서 보온용으로 사용하는 유단포'를 들고 나타났다. 사람들은 겨울 추위를 막기 위해 들고 다니는 보온기구로 생각했다. 그때마다 어머니는 유단포 주머니 한가득 밀주를 채워 넣어 주었다.

순사들은 한겨울이 지나고 한여름이 되어서도 유단포를 들고 찾아왔다. 어린 그의 눈에도 순사들은 우스운 존재였다.

마을에 몇 안 되던 순사 중에는 그의 집에 있던 요강을 탐내는 이도 있었다. 고려청자나 조선백자의 소문을 익히 알고 있던 일본인이었다. 백자처럼 생긴 요강을 자기에게 팔라며 조르던 순사에게 어머니는 '선조 때부터 내려오는 우리 집 가보'라고 큰 소리를 쳤다. 그렇게 순사들을 몇 번이나 돌려보낸 어머니는 하루를 꼬박 요강 입구에다 센코(향) 연기를 피워놓고 냄새를 없앴다. 다음날 어머니는 못 이기는 척 일본순사에게 요강을 팔았다.

"우리집에 찾아와 순사가. 우리 집이 탁배기나 소주나 만들고 있지 조사하러 오는데 알면서 거기까지 와서 어머니는 거기한테 소주를 넣어주고. 겨울에 그거 뜨면 이해가 가. 여름에, 여름에 누가 쓰나 그런 거. 그거를 가지고 오마, 거기에

다가 다 넣어줘. 술통 같은 거 갖고 오면 다 넣어줘. 순사는 그거 받아서, 하면 안 된다 소리 안 하고. 지가 이제 마시고 싶으면 와야지 우리 집에. 그러니까 잡히면 안 되니까. 머리도 좋아."

"어머니 주머니가 우리 전 재산이야. 우리집 재산 어머니가 다 가지고 있었어. 주머니에, 그러니까 뭐 강도라도 뭐라도 어머니만 한 방에 잡으만 우리집 재산이 다 날아가는거지, 하하."

어머니의 카요이

함바집을 나와서 아버지는 돼지를 키우고, 어머니는 야미쌀장사를 할 때였다. 당시 재일조선인들에게는 소작으로도 논을 잘 주지 않았다. 농촌에 있는 일본인들로부터 쌀을 사서 도시로 가서 파는 쌀장사는 당시 재일조선인들이 많이 하던 장사 중에 하나였다. 어머니는 쌀을 사기위해 깜깜한 새벽에 자전거를 타고 나갔다. '농촌에 있는 일본놈이 돈이 없어서 쌀을 팔았다고 하면 얼굴이 그러니깐' 낮에 가봤자 쌀을 살 수 없었다. 형제들 중 유일하게 고등학교엘 진학한 그에게 한 번도 급식비를 빠트린 적 없었던 쌀장수 어머니의 하루 식사는 한 끼가 전부였다.

"어머니는 내 아니다. 어머니는 내 만 번 정도 대단한 사람이다."

어머니는 동네에서 일본인 의사보다 더 유능한 침술로도 유명했다. 어머니의 재주로 도움을 받은 사람들이 어딜 가나 항상 있었다.
'똑 부러진 성격'의 어머니는 언제나 환영받았다. 덕분에 어머니는 동네 고기집이나 채소가게나 어딜 가도 '1년에 한 번, 1달에 한 번, 6개월에 한 번 계산을 해주는 외상장부'를 가지고 있었다. 그는 어머니의 '카요이'만 있으면 뭐든지 다 살 수 있었다.

"누구나 우리 집안에서 모르는 사람도 없고. 애 옆에 내가 나빠졌다 하면 이렇게 쓰러졌다 하믄 그 때 가서 인제 바늘을 따서 그렇게 하는 기도, 일본 사람도 의사보다 우리 집 어머니를 믿었잖아. 몇 명이나 그런 게 많이 왔노. 근데 어머니는 그 집안에서는 통장, 그 이런 카요이 라고 있어. 그거 하나 가지고 고기 집이나 어데를 가도. 1년에 한 번, 한 달에 한 번, 6개월에 한 번 그런 식으로 계산해. 다 동네 안 주도 돼. 그만큼 신용이 있었어. 아버지 주머니에서는 10원 짜리라도 뭐라도 거의 뭐 아부지는 돈 쓸 줄을 모르잖아. 술만 사고 오라 그거 밖에 안하니까. 그래도 지금까지 여기 있는 재일교포 중에 한 70프로, 80프로는 아버지 보다 어머니 교육 때문에 다 살았지 싶으데이."

태양하고 달 밖에 니한테 줄게 없어

그의 유년시절은 남달랐다. 덩치도 크고 고집도 세고 싸움질도 잘했던 조센진을 마을에서는 아무도 건드리지 못했다. 어머니 또한 '유명한 사람'이었다.

그가 초등학교 때는 '두드려 안 맞는 날이 없었다'. '논밭에 열린 거'는 죄다 훔쳐 먹고 다녔지만, 동네 사람들은 함부로 그를 나무랄 수도 없었다. 남의 밭에서 몰래 따 온 과일이나 채소는 항상 동네 노인들과 나눠 먹었기 때문이었다. 심지어 동네 할머니들은 그를 이뻐하면서 서리해 온 것을 반기기도 했다. 어머니는 그때마다 '아한테 교육 시키야 된다'며 버드나무 회초리를 들고서 그를 찾아 나섰다.

그렇게 회초리로 맞은 상처를 보고 일본인 학교 선생님은 '너무 심하게 교육시키지 마라'며 어머니에게 하소연을 할 정도였지만 어머니는 단호했다.

"일본말로 하면 무치야. 이렇게 한 번 맞으면 이렇게 난데이 상처가. 핏주르기 이렇게 줄줄 흐르면 우리는 어머니를 봐. 학교 선생님이 너무 심하게 애를 교육시킨다고. 선생님이 그러고 우리 집까지 와서 그렇게 하지 마라고 해도, 가정 교육은 내가 해야 된다. 학교 교육은 선생님한테 맡기니까 이 아를 가만히 놔두면 모를 때까지 모르니까. 그만큼 내가 청개구리였어. 어머니 산에 가자하면 난 강가."

평소 집 안에 무슨 일이 생기면 해결은 항상 어머니의 몫이었다. '술을 안마시면 고양이'같았던 아버지는 그저 무기력했다. '학교 가 본적도 없는' 어머니였지만 그에게 항상 '한국 이야기'를 들려주었다. 어머니의 '한국 이야기' 속에는 춘향전도 있었고, 판소리도 있었다. 어머니는 어린 그에게 '교육 안 받고 아무것도 모르니까 주는 기 태양하고 달 밖에' 없다는 말을 자주했다. '그거 다 내 꺼 라고' 그는 '학교를 올라갈 때까지' 친구들에게 자랑스럽게 말하고 다녔다.

"나무는 큰 나무 밑에서 나무가 크게 안 되지만 사람은 큰 사람 밑에 가믄 한 가지라도 배우기가 있다고. 난 초등학교 다닐 때까지 어머니도 학교 가본 적도 없지만. 항상 내 옆에 있다가 한국 이야기를 해. 고향이야기나 뭐라도, 어머니가 들었던 게 그러니까 난 그 때부터 춘향전도 듣고 있었어. 이도령하고 그 이야기. 어머니 판소리도 아무 것도 못하는데 어머니가 그 이야기를 해줬어 내한테. 아직 학교도 올라가지 않을 때부터. 그래서 내한테 언제든 하는 말이, 앞에 논밭이 되고 있으니까 마당이 넓어. 디기. 하늘을 보고 니한테 주는 게 어머니는 교육 안 받고 아무 것도 모르니까 주는 기, 그 태양하고 달 밖에 니한테 주는 게 없어 그거를 잡았던 사람 한 명도 없으니까, 엄마가 니한테 줄테니까 니가 가져가라 캐. 나는 학교 올라갈 때까지 자랑스럽게 남한테 그거 다 내꺼라고."

낙동강을 닮은 강, 오이가와

그가 아버지를 기억하는 곳은 오이가와 강이다. 아버지의 술안주를 위해서 맨손으로 고기를 잡던 곳, 훤한 대낮부터 술에 취해 마을 언저리에 쓰러져 있던 아버지를 리어카에 싣고 어머니와 함께 걸어오던 곳, 술 취한 아버지를 '강에 버리자'고 했다가 어머니에게 죽어라 두들겨 맞던 곳. 어른이 되어 고국 땅에서 만난 낙동 강변을 아주 쏙 빼닮은 곳.

"뭐라도 내 손에 잡았는 기 너무나 많아서. 옛날에 낚시하는 그런 기도 없었잖

아. 우리 다 강에 가서 대나무로 해서 맨들어가 손으로 잡는 게 내가 귀신같이 잡았잖아. 정말로. 잉어도, 문어도 다 손으로 잡을 수 있는 기는. 너무나 잘 잡았어. 그런데 그걸 잡아서 아버지한테 주는 게, 아버지는 그걸 해서 먹는 기가 그거잖아. 그때는 참 좋아좋아 그렇게 하잖아 술을 좋아하니까. 안주가 없으니까."

"아버지 머리도 몇 번이나 내가 발로 쳤어. 술 드셔가 이래하고 있을 때는 어머니도 그렇잖아. 길가서 주워 오라 캐. 찾아가 오라는 게 아니고. 길에서 자고 있으면. 주워오라고. 말이 되나. 너무 무시하는 말이 아니가. 니 집에 아버지가 식당 앞에서 쓰러져 있으니까 주우러 오라고. 언젠가 봐라. 그런 말을 하는 게, 어른 되면 봐라. 그렇게 생각했지. 아버지는 바보였지만 남자였어. 어릴 때는. 그래도, 할 수 없었어."

그의 부모님은 살아생전 입버릇처럼 '죽어도 고향집은 찾지 마라'며 자식들에게 말해왔다. 그래서 그는 지금껏 어머니 고향조차 정확히 모르고 있다.

형과 함께 한국에 갈 때면 그저 '낙동강 근처'로만 기억하고 있던 어머니의 고향을 향해 형제만의 의식을 치른다. 박스 한가득 과일을 담아서 술과 함께 강을 따라 흘려보내는 것이다. 간혹 생뚱맞게도 과일장수가 따라와 그걸 다시 줍겠다며 호들갑을 떤 적도 있었다.

폭우로 날아 간 돼지

아버지가 돌아가신 해, 마을에서 큰 홍수가 났다. 큰 강을 끼고 있던 마을은 큰 비만 오면 둑이 터지면서 수해가 매우 컸다. 마을의 축사는 다 무너지고, 가축들은 모두 물에 쓸려가 버렸다. 그의 집에서 키우던 돼지도 모두 물에 쓸려갔다.

그 와중에 옆집에 지어놓은 2층 창고에 '날아간' 돼지 한 마리가 기적적으로 살았다. 구사일생으로 살아난 돼지 한 마리는 나중에 11마리의 새끼까지 낳아 주었다. 그의 가족들에게 찾아 온 유일한 행운이었다.

"큰 강이 있었는데 수해가 많았어. 큰 비가 오마, 거기가 이제 터져서. 우리 집에 키우던 돼지도 다 날아갔어. 아버지 돌아가고 돼지만 남았어. 그래서 기적적인 이야기가 있어서 그 돼지가, 다 날아가서 죽는데 옆에 집에 큰 일본에 노도가 있었어. 옛날에 잘 사는 집에는. 중요한 걸 다 놓았던 그런 창고. 굉장히 큰 창고가 있었어. 그걸 어디선 들어갔는지는 모르겠지만 돼지가 거기 있었어. 2층에. 안 죽고. 그거 11마리 애를 낳아, 그거를 인제 애를 팔아서 우리가 먹고 살았다니까. 그런 참, 누구도 이야기해도 안 믿는 그런 이야기가 있었어."

날마다 김일성

아버지가 돌아가시자 어머니는 한국이나 북한으로 귀국해서 살 생각이었다. '한국말 기본'이라도 조금 배워오라며 그를 조선학교에 보냈다. 새벽 6시에 기차를 타고 또 버스를 갈아타고 '교토조선학교'에 다녔다. 3년 동안의 수업은 '북한의 정치이념'으로 일관되었다. 그는 조선학교의 반복되는 '김일성 수업이 싫어서' 시험을 치고 일본고등학교로 진학했다.

잠시 다니던 일본 중학교에서는 '하시모토'였고, 아버지가 돌아가신 후 가게 된 조선학교에서는 '황영주'였다. 이후 그는 일본고등학교로 진학했지만 계속 '황영주'로 살았다. '재일교포 학생회'에서 일본학교를 '본명'으로 다닌다는 그의 소문은 야구부에서 크게 활약을 떨치고 있다는 것과 함께 삽시간에 퍼져 나갔다. 하지만 민단이 주축이 되어 '재일교포야구단'을 모집할 때 조선학교의 이력을 가진 그는 주저할 수밖에 없었다.

아직 등록이 조선이야

3학년이 마지막 기회라고 생각했던 그는 어머니의 허락을 받아냈다. 한국에 가기 위해서는 '조선적'을 '한국적'으로 바꾸어야 했다. 민단 본부에서 만들어 준 '파스포토'는 하루만에 그를 '한국애'로 바꾸어주었다. 그들은 '민족교육은 받았지만 조선학교서 공부했단 말은 하지마라'며 그에게 몇 번이나 교육을 시켰다.

"조선학교 가다 일본학교에 입학했으니까 그 때 당시부터 황영주잖아. 그래서 내가 재일교포 학생회 군단에서 눈이 띄었던 이야기가, 이유가 뭐냐하면, 본명해서 학교 다니는 애가 있다고. 경도부에, 야구를 하고 있다고. 고등학교 2학년때부터 재일교포 야구로 오라고 했던데, 중학교 이제 고등학교 2학년 때는 못 갔어. 뭐냐하면, 나는 조선학교를 가고 있으니까. 민단에서는 한국에서 모집을 하는 그런데 가만, 직인다 하는 게 아니가 죽는 기 아닌가 해서 무서워서 못 갔어. 근데, 고등학교 3학년 때 마지막이니까 어머니한테 어머니 마지막에 기회니까 나를 한 번 보내주라고. 그 때는 아직 등록이 조선이야. 근데 하루에서 딱 바꿨어. 한국애로. 하루에서 바꿨어."

한국에서의 경기를 무사히 마치고 돌아 온 그에게 학교에서는 조촐한 환영행사를 마련해 주었다. 그는 한국에서 상으로 받은 '골드스타 토란지스타 라지오'와 그가 직접 사 온 '한국의 민요레코드'를 기증하기로 했다. 초등학교, 중학교, 고등학교를 통틀어 한 번도 학교에 온 적이 없었던 어머니는 그때도 '입고 갈 옷도 없으니 절대 못 간다'며 호통을 쳤지만 다음 날 어머니는 제일 고운 한복을 차려입고 학교 운동장에 서 있었다. 일본인 선생님도 놀랐고 그도 놀랐다. 그날은 어머니가 처음이자 마지막으로 학교에 온 날이었다.

아버지집 버드나무집

그가 20대 때 어릴 적 어머니가 늘 들려주시던 고향얘기를 더듬어 아버지의 고향집을 찾아간 적이 있었다. 밤12시가 넘어 도착한 마을에는 커다란 버드나무 한그루만 눈에 띄었다. 지나가는 사람도 한 명 없었던 그곳에서 가장 먼저 도착한 집은 놀랍게도 아버지가 살았던 집이었다.

"이렇게 좋아했던 한국인데, 좋았다만 어머니가 뭐가 있었어. 그런데 내 한테 날마다 고향 이야기를 하고 그랬어. 그러니까 내 아버지 집에 찾아갈 수 있었고 하잖아. 밤에 12시 넘어서 깜깜한데 어두운데 찾아갔는데. 버드나무집 옆에 집에 문 닫으만 거기가 내 바로 내 아버지 집이라는 거라."

어머니가 아버지와 함께 떠나올 때와 똑같이 하나도 변하지 않았던 아버지의 고향이었다. 태어나 처음 찾아 온 아버지의 고향집을 단번에 찾았다는 사실을 아무도 믿지 않았다. 돌아가신 아버지의 영혼이 그를 이끌었다고 그는 믿고 있었다.

"그만큼을 변하지 않고 그대로 있어서 거기 찾아갈 수 있었던 기라. 아직까지 풀 밖에 없대. 전기불이대. 종이도 없는데 어떻게 찾아가. 없잖아, 인제 아주 고향 찾아가서 내가 문 찾아서 일본서 왔는데 황기정이라는 집이 어디였습니까? 모릅니까. 니 누구야 했어. 황기정이 아들이, 3남에 황영주라 합니다. 일본에서 왔습니다. 하니까 내 집이라 캐샀어. 거기가 바로 아버지 집이었어. 놀랄 일이잖아. 지금 누구도 안 믿어 그런 이야기해도. 정말로 김천에서 버스타고. 찾아서 찾아서 비도 오는데 그 때는 비 그치고 있었지. 그래 뭐 맨첨에 문 찾은 내가 그래서 내가 누가 내한테 델고 갔지, 아버지가 델고 갔지? 했다니까."

빈 몸에 고무쪼리 차림으로 내린 하네다역

아침에 눈을 뜬 그의 앞에 친척들이 하나 둘 모여 들었다. '니가 판단해서 주라고' 어머니는 집에 있는 돈을 모조리 긁어모아서 그에게 들려 보냈었다. 그때 유행이었던 홍콩셔츠를 입고 갔던 그는 전 재산 '백만 엔'을 조금씩 나누어 친척들에게 주었다. 이름도 얼굴도 모르는 사람들이 친척이라고 그에게 인사를 했지만 그는 알 수 가 없었다. '화장실에 나무 두개가 얹어져 있던' 고향 집은 그에게는 힘든 곳이었다.

그 길로 서울의 외삼촌을 찾아갔다. 서울이라 해도 그곳은 더 가난했다. 초가집도 아니고 '단보루'로 된 집에서 하룻밤을 잔 그는 떠나올 때 '나머지 돈과 신고 있던 운동화와 시계, 빤스까지 다 벗어주고' 왔다. 그가 동경 하네다역에 내릴 때는 갈 때와는 달리 '빈 몸에 고무쪼리' 차림이었다.

"남동생. 그니까 어머니도 그 이야기 할 때 어머니도 울고 있었지, 그러니까 어머니한테 아버지 친척한테는 아무 것도 안 주고, 어머니 동생한테 다 주고 왔다 하니까 어머니 좋아했지."

일가는 누구든지 50만 엔

그가 고등학교를 졸업할 즈음 재일조선인들이 할 수 있는 일이라곤 '돈장사'나 '유우덴', '니시진 오리' 같은 험한 일 밖에 없었다. '노가다'나 '니시진 오리'나 그의 성질에 맞지 않기는 매 한가지였다. '뭐라도 할 수 있게 돈을 벌자'며 그는 '딱 3년 만' 큰 형님의 노가다 일을 따라 다니겠다고 결심했다. 그렇게 3년이 30년, 이제 50년이 되었다.

당시 그보다 18살이나 많았던 큰 형님은 교토 '시타우케'에서 수도설비공사를 하고 있었다. 그가 25살이 되자 형과 함께 본격적으로 회사를 설립하였다. 이후 둘째, 셋째를 이어 형제들이 모두 회사로 들어왔다. 어머니는 '절대 욕심내지 마라'며 '니가 번 돈은 똑같이 갈라주라'며 일가친척들에게는 누구든지 동일하게 50만 엔을 월급으로 주었다. 당시 고등학교를 졸업한 직장인의 월급은 15만 엔 정도였다.

"어머니가 그거는 잘 들어줘. 니가, 내가 돈벌이를 잘한다는 못한다는 건, 절대로 니 욕심으로 하지 마라. 니가 받는 돈은 다 인제 똑같이 갈라주라고. 몇 년 전에까지 지금도 내 아들 하니까. 조금씩 나이 칠십 넘어도 똑같이 받는 거는 안 되잖아. 젊은 사람들이 있으니까 하지만도. 그 때 당시에는 고등학교 졸업해서 바로 우리 회사에 들어가서 이래 한다하면 다음달부터 다 50만 엔씩 월급 줬다니까. 놀래는 이야기잖아. 그 때 당시는 고등학교 나와서 15만 엔 받으면 큰돈이야. 근데 우리 회사 들어오면 똑같이 주라 하니까. 한 달이 두 달이 쉬고 있어도."

우롱차 시켜놓고 트로트로 배운 한국말

'목포의 눈물, 울긴 왜 울어, 갈대의 순정, 울고 넘는 박달재, 칠갑산, 나그네 설움, 번지없는 주막, 눈물 젖은 두만강'은 그가 좋아하는 한국 트로트이다. 그 또한 한국말을 노래로 배운 이들 중에 한명이다.

술 한 잔 입에도 못 대는 그는 술집 가서 '술 대신 우롱차 한 잔'을 시켜놓고 노래를 배웠다. 하루 다섯 군데, 많게는 열 군데까지 다니며, 새로 배운 노래는 '발표'까지 해야 직성이 풀렸다. 그는 툭하면 '한국말 배우는데 수억을 썼다'고 말했다. '한 곡에 백만 엔 짜리' 노래였다. 그는 한국에 갈 때마다 트로트 가사에 나오는 장소를 일일이 찾아서 가보는 것이 그의 가장 큰 즐거움이다. '목포의 눈물'에 나오는 '유달산' 뒷자락의 '공생원'과의 인연도 여기서 비롯되었다.

벌써 몇 년째 공생원의 원아들을 후원을 하고 있는 그는 사시사철 열리는 한국의 축제는 빠짐없이 메모하여 다 찾아다닌다. '진해벚꽃놀이, 순천세계정원박람회, 연꽃 축제, 참외축제, 강원도 민요콘테스트' 등등 전국 방방곡곡 구석구석을 다녔지만 고향 선산은 가지 않는다. 어머니와의 약속 때문이다.

"나는 한국 전체가 고향이니까. 고향이라는 그런 거 보다는. 한국이 그냥 좋다."

가나가와현

-
공해마을 오오힌지구

-
아나기(空議), 아나키(anarchy) | 배중도
아버지, 등만 마주보고 있는 느낌 | 국가를 생각할수록 아나키(anarchy)가 되어갑니다

-
다문화공생의 깨달음, 후레아이관 | 후레아이관

-
마음의 집, 도라지회 | 도라지회
'이 말도 안 되고 저 말도 안 되는' 1세 | 조선깻잎 | '한국사람이니까 여기와서 놀지'

공해마을 오오힌지구

　가와사키의 남쪽, 근대이후 조성된 매립지로 게이힌공업지대의 중심을 이루는 이곳은 '노동자 마을, 공해마을'로 유명했다. 농업중심이었던 이 일대에 1910년 이후 일본 최초의 민영철강회사와 시멘트 공장 등이 들어서면서 노동자들이 모여들었다.
　이곳에는 가와사키시에 거주하는 한국·조선적을 가진 이들의 절반 가량이 살고 있고, 가와사키 조선초급학교가 위치하는 사쿠라모토와 그 일대는 관동지방 제일의 재일조선인 밀집지역이다.
　현재 가와사키구가 된 이 일대에는 1세기 전부터 게이힌공업지대가 형성되어 발전하였다. 1923년의 관동대지진 및 중일전쟁의 본격화로 군수산업 공장과 토목공사를 비롯하여 전쟁 후의 고도 경제 성장기에 곳곳에서 많은 노동자가 모였고, 그 중에는 징용되어 온 노동자들, 혹은 일자리를 찾아 온 사람들 그리고 차별을 피해 일본 내에서 이주해 온 가족들 등 한반도 출신자가 많았다.
　물량수송을 위해서 만들어진 교각을 중심으로 일대에는 노동자들의 집단거주지가 형성되었으며 아직까지도 그곳에는 몇몇 재일조선인들이 살고 있었다.
　습지를 매립해서 조성해놓은 공원 담벼락을 사이에 두고 오래전 거대한 공장굴뚝에서는 쉴새없이 매연을 뿜어냈다고 한다.

아나기(空議), 아나키(anarchy)

배중도 (1944년생, 2세, 경남 함안군, 사단복지법인 청구사 이사장)

아버지, 등만 마주보고 있는 느낌

그는 6남매 중 장남이다. 가난한 집안의 가난한 부부는 대부분 '지옥같은 싸움'을 보여주었다. 역시나 그의 아버지와 어머니의 싸움에는 반드시 '칼'이나 '죽음'이 등장했다. 중학생이었던 그의 꿈은 고작 '평범한 보통의 가정에서 살고 싶다'는 것이 전부였다.

어머니는 '굉장한 참을성을 가진 여자'였다. 동시에 아버지와의 관계에서는 '불가사의한' 모습도 많았다. 때때로 아버지를 걱정하는 어머니의 애처로운 모습은 '신기하게' 보일 정도였다. 그는 아버지를 떠올릴 때마다 그저 '등만 마주보고 있는 느낌'이었다.

아버지는 1990년도 실업대책사업의 일환으로 시행된 일에 참여하게 되었다. 하지만 곧 결핵이라는 병을 얻게 되었고, 아버지를 대신해 어머니가 계속 일을 맡아서 했다. 마침내 행정사업은 종료되었고, 그곳에서 일하던 직원들은 모두 말단 공무원으로 고용되었다. 그로 인해 그의 어머니는 세타가야구의 지방 공무원으로 일본의 연금을 수령할 수 있게 되었다. 다행히 현장 노무직 같은 경우는 국적 조항이 없었기에 가능한 일이었다.

형제들은 대부분 중학교를 졸업하자마자 취직을 했다. 형제들의 취직과 동시에 차츰 형편이 좋아지게 되었다. 전형적인 가부장적인 집안에서 그는 또 다른 수혜자이기도 했다. 장남인 그는 동생들에 대해 절대적인 권력자이기도 했다. 그런 장남이었지만 어린 시절 얼굴과 엉덩이에 부스럼과 종기를 달고 살았다. 나중에 알고 보니 영양실조로 인한 피부병이었다. 한겨울 적십자에서 나눠받은 여름옷을 입고 찍은 사진을 보면서 늙은 아버지는 매번 한없이 울곤 했다.

오래 전 그가 잠시 한국에서 생활을 할 때 가와사키의 많은 경상도 출신 동포들에게서 배웠던 사투리는 때때로 귀여운 놀림감이 되기도 했다. '할매'나 '짐치'는 모두 '귀를 통해서 배운 말'이었다.

국가를 생각할수록 아나키(anarchy)가 되어갑니다

'민족이라는 것은 애초에 무엇이고 그것을 규정짓는 것은 무엇일까'라는 질문을 던지며 그는 오랜 시간동안 직면했던 문제들을 하나하나씩 풀어왔다.

사쿠라모토에 거주하는 아이들 중에는 '한국 국적을 가진 아이도 있고, 조선 국적을 가진 아이도 있고, 일본 국적을 가진 아이들'도 있다. 결국엔 '국적 이꼴(equal) 민족이 아니며 국적으로 민족을 정의내릴 수 없다'는 것이다.

'피의 논리'에 의해 '표현되는 말'중에는 '옛날에는 반절이라는 의미로 하프라는 표현'을 썼지만, 지금은 '두 가지를 다 가지고 있다는 표현으로 더블'이라는 말을 쓰고 있다. 그리고 최근에는 '쿼터'라고 표현하는 이도 있다. 이러한 '피의 논쟁으로 봐도 결국에는 민족이란 무엇일까'라는 의문에 대한 대답은 지극히 명확하지 않다.

그에게 '국적이라는 것은 가장 큰 문제'이며 '가장 큰 벽으로 존재'했다. 국가 즉 '국민국가'라는 제도는 지구에서 200년도 채 안 되는 제도인데 반해 '민족이라는 것은 수 천 년 이상 더 오랜 시간으로 이어졌던 것'이다. 마침내 그가 최종적으로 도달하게 되는 결론은 '국가라는 것은 없어도 된다'라는 것이었다. 결국 '국적, 문화, 혈연을 결정짓는 것은 아무것도 없다'라는 것을 느끼게 되었으며, 그것은 모두 '구멍이 가득한 의논'이었다는 것 또한 깨닫게 되었다.

다문화공생의 깨달음, 후레아이관

후레아이관 (가나가와현 가와사키시 사쿠라모토)

후레아이관은 가와사키의 남부 게이힌 공업지대를 따라 재일동포들이 가장 많이 거주하고 있는 가와사키구 사쿠라모토 지역에 있다.

후레아이관이 설립되기까지는 숱한 우여곡절이 있었다. '후레아이관'의 역사는 69년경 당시 가와사키 교회의 이인하 목사에 의해 지역봉사단체로 설립된 청구사가 지역주민을 상대로 보육원 활동을 시작한 것으로 거슬러 올라간다.

'일본보육원에서 딸아이를 받아주지 않은 것'이 단초였으며, 이를 시작으로 가와사키 교회는 1974년부터 본격적으로 보육사업을 시작했다. 1970년대에 들어서면서부터 사회적 문제를 제기했던 많은 젊은이들 특히 '히타치 취직투쟁'에 뜻을 모았던 당시의 젊은이들이 청구사 법인 설립에 대거 관여했다.

그들은 대부분이 재일조선인 2세이며, 어린 시절부터 겪었던 민족차별에 대해 똑같은 고통을 느꼈던 이들로서 민단이나 조총련 상관없이 '민족과 관련된 2세 단체들'이 활발히 활동하던 시기였다. 그러나 '민단이나 조총련'은 주로 정치 중심의 과제와 문제의식을 가지고 있었으며, 2세들이 가진 민족주체성에 대한 유연성은 많이 부족했다.

이에 여러 가지 민족과 관련된 내용과 사상들을 계승하기 위해서 보육원 내에서는 본명을 사용하도록 했다. 보육원을 졸업한 학생들은 이후 일본의 공립학교들로 분산되었다. 보육원에서는 '민족명, 본명'을 사용했지만 일본의 초등학교를 진학할 때에는 '이지메'등을 염려하는 부모들로 인해 '일본명 통명'을 사용하는 경우가 많았다. 차츰 보육원을 졸업해서 떠나는 학생들이 늘어났고, 가와사키 시에서는 아동보육에 관하여 주시하기 시작했다. 이 후 7년이라는 시간동안 청구사와 행정기관과의 협의를 통해 '후레아이관'을 만들게 되었다.

가와사키 지역 내에서 '후레아이관'은 문화강좌, 식자학습등과 같은 사회교육 사업을 활발하게 추진했다. 당시 대부분의 재일동포 고령자들은 '일본어를 할 수는 있지만 일본어를 읽고 쓰는 것은 불가능한' 경우가 많았으며 한국어는 대화조차 어려웠다. 여러가지 시도를 통해서 만들게 된 재일동포 고령자 모임 '도라지회'는 지금까지도 가장 왕성하게 활동하고 있다.

"글을 알아 간다라는 것은 사람들과 교류를 한다는 것이기 때문에 하나의 인권으로서 생각을 해야 된다는 인식이 있었어요. 단순한 일본어학습이 아닌 식자학습, 식자학급 같은 경우에는 단순한 일본어 학습으로만 끝나면 안 된다 라는 생각이 있었어요."

"초창기에는 할머니들 같은 경우엔 지금에 와서 내가 공부를 왜하나 라던가, 글을 배우러가는 것이 굉장히 부끄럽다 라는 인식이 있었는데 후레아이관이라는 건물이 생긴 이후로는 할머니들이 할아버지들이 한 두 명씩 모여서 오시게 되었습니다. 근데 이제 그런 식자학급에 다니시던 할아버지 할머니들이 점차 이제 나이가 들어가면서 동포 고령자들을 위한 모임 같은 것이 필요하다는 것이었습니다. 실질적으로 일본에서 운영하는 일본인 노인정과 같은 모임에선 일본의 노래를 부르고 일본의 음식을 먹다 보니까, 본인들이 가지고 있던 민족적인 주체성, 그 아이덴티티가 안 맞는 부분이 있다 라는 여러 가지 문제점이 이제 생겨나게 되었습니다. 그렇게 해서 도라지회 라는 모임이 생겨났고, 고령자 어르신들에 대한 사업이 생겨나게 되었습니다."

지금 후레아이관이 있는 사쿠라모토 지역은 일본 공립학교와 조선학교가 함께 공존하고 있으며, 재일동포를 비롯하여 많은 외국인들이 함께 살고 있는 다문화공생지역이다. 특히 후레아이관의 다양한 활동 중에서 재일외국인들이 그 활동의 중심에 있다는 사실은 매우 희망적인 것이었다. 설립 초기에는 재일조선인과 일본인들이 중심이 되었지만 1990년대 이후에 새롭게 일본사회에 진입한 중국인 뉴커머를 비롯한 다양한 외국인들이 증가하면서 후레아이관의 활동에도 뉴커머 외국인들이 적극적으로 참여하고 있다.

"이곳에서 서로의 역사와 문화를 함께 배웁니다. 서로의 차이를 받아들일 때 비로소 차별이 없어지고 서로의 인권을 존중하는 마음이 자연스럽게 생겨나게 되는 것입니다."

마음의 집, 도라지회

도라지회 (가나가와현 가나가와시 사쿠라모토)

'이 말도 안 되고 저 말도 안 되는' 1세

멀리 회색 건물 귀퉁이에 분홍색 꽃그림. 가와사키의 상징꽃이 그려져 있는 건물은 복지법인 '청구사'였다. 매주 화요일마다 모이는 재일동포 1세대들은 이 곳에서 한국말과 한국노래를 새롭게 배우고 있었다.

어린 시절 낯선 땅으로 옮겨와 '우리글도 남의 글도' 제대로 배우지 못한 채 살아왔던 그들은 이제서야 글을 배우며 고향에 대한 이야기도 마음껏 풀어 놓을 수 있게 되었다. 쉼없이 흘러나오는 한국트로트에 기어이 어깨를 들썩이며 춤을 추는 그들에게서 이제 더 이상 처절했던 가난의 고단함은 보이지 않았다.

한바탕 어우러지는 부채춤으로 분위기는 무르익어 갔다. 최근 한국에서 유행하는 '100세 인생'이라는 노래가사를 띄워놓고, 토막토막 장구소리에 맞춰 큰 소리로 따라 읽었다. 일본어와 한국어로 쓴 가사쪽지가 꼬깃꼬깃 손끝에서 낡아있었다.

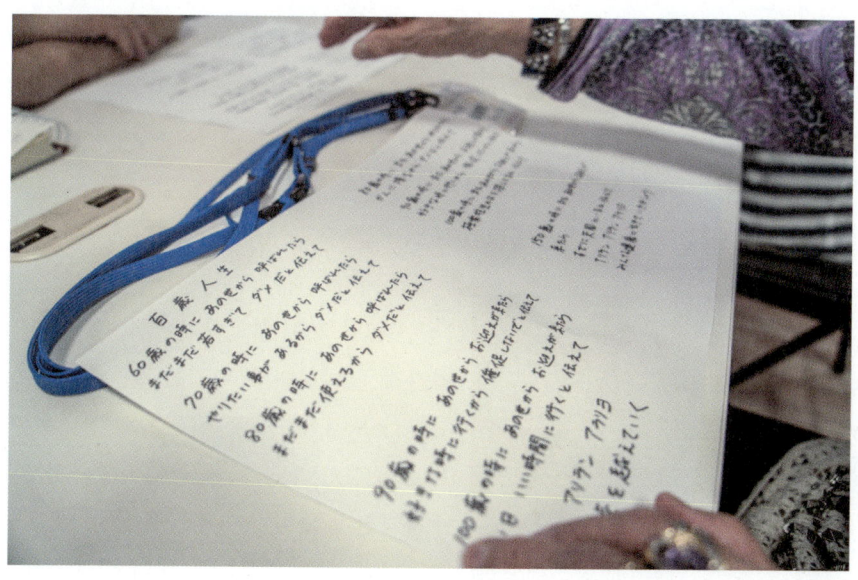

조선깻잎

수업이 진행되고 있는 사이에 강의실의 한쪽 공간에서는 요리 준비가 한창이었다. 상추잎의 물기를 일일이 수건으로 닦아내는 일은 성스럽기까지 했다. 도라지회의 일과 중에서 식사시간이 주는 즐거움은 특별했다. 함께 밥상둘레에 앉은 식구들처럼 그들은 오랫동안 식탁에 머물렀다. 집에서 만들어 온 것이라며 주섬주섬 식탁 위로 깻잎이며 장아찌며 김치가 더 보태졌다. 깻잎은 그냥 깻잎이 아니라 조선깻잎이라고 힘주어 말했다.

'한국사람이니까 여기와서 놀지'

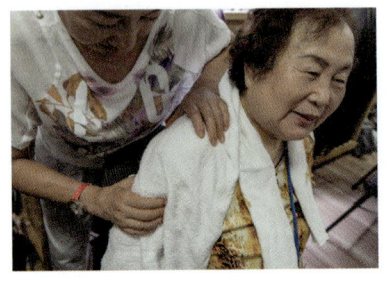

경북 청도가 고향인 장조이 할머니는 6살 때 부모님과 함께 일본으로 건너왔다. 아버지는 '톤네루('터널'의 일본식발음) 뚫는 기술자'로 몇 명의 인부들을 데리고 다녔다. 그녀가 5학년이 될 무렵 같은 반 아이들이 '조센진'이라며 돌질을 할 때 '키도 크고 힘도 좋았던' 그녀는 책상을 던지며 맞섰다. 그 후 아이들은 그녀를 '오야붕'이라고 불렀다. 어머니는 '지리하게 입혀놓은' 일본애들과 달리 그녀의 속치마까지 '풀 멕이고 아이롱'을 해서 입혔다. 아버지는 '일본학교 나와도 일본사람 되면 안 된다'며 수업이 끝난 후 '교실 하나를 채가지고' 늦은 밤까지 조선의 역사를 가르쳐 주기도 했다.

1942년도에 요코하마에서 태어난 김미강자 할머니의 아버지는 '큰 배 만드는 기술자'로 20살 무렵 일본으로 건너왔다. '일본 군함 만드는 일'에 동원되었다가 2차 세계대전이 일어나자 징용을 피해서 도망 다니다가 해방 후 그녀를 데리고 귀국선을

탔다. 서른이 넘어서 일본으로 시집 온 그녀. 남편은 변호사 자격증이 있어도 한국인이라는 이유로 변호사가 될 수 없었다. 한국인임을 숨기고 살아야만 했던 시절의 고통이 아직도 선연하다.

경주에서 소학교를 졸업한 황외금 할머니는 18살 무렵 결혼을 하기위해 홀로 일본으로 밀항했다. 1950년 한국전쟁으로 인해 조선땅은 3년에 걸쳐 전란과 가난으로 허덕였으며, 일본에 살고 있는 고모의 중매로 아버지는 그녀를 3일 동안 설득했고, 그녀는 3일 밤낮을 울고 또 울었다.

일본으로 시집와서 10년도 훨씬 넘어서야 그녀는 다시 고향에 갈 수 있었다. 부산의 김해공항으로 마중 나온 아버지는 '혹시 얼굴도 잊어뿌렸을까'싶어 '황가'라고 크게 쓴 종이를 들고 그녀를 기다리고 있었다. 아버지와 함께 들어선 고향마을 입구에는 많은 친척들이 한데모여 그녀를 '바라코 있었다'. 그때의 광경은 지금도 잊을 수 없다.

경북 군위가 고향인 남편을 만나 고철장사부터 시작해 지금의 비닐가공업으로 성장하기까지 '기마에 좋은 남편'은 세 번이나 공장을 말아먹었다. 큰 아들이 지금의 공장을 맡기 전까지 그녀는 50년이 넘도록 '기계일'을 해왔다.

뒤늦게 '후라단스('훌라댄스'의 일본식발음)'에 매혹되어 그녀는 요즘 생애 최고의 황홀함을 맛보는 중이었다.

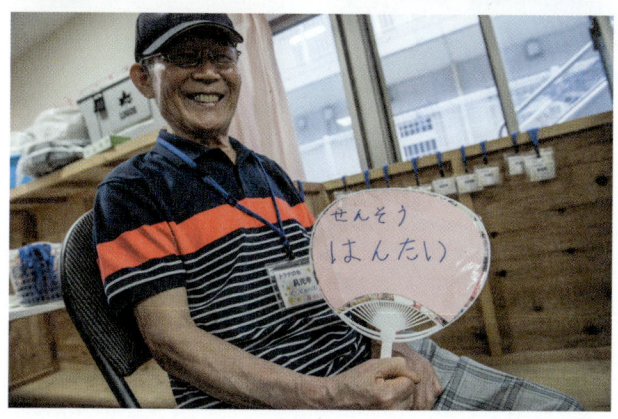

도쿄도

비빔밥, 수르집(술집) 여자말

이름도 성도 모르는 조비히게 | 진동철
푸른 돌복 입은 여실쟁이 | 공부가 하기 싫어 도망간 만주 | 닭 잡고 화투치는 사이에 '불덩거리'가 된 동경
야마가타 신문사 점령 | 고춧가루 300포, 1년 치 자동차 휘발유 실은 밀무역선
내 진동철이라는건 어데 가뿌고 없고, 남은 이름 '조비히게' | 생일 헛잔치
돈벌이는 구속당한 역사가 없어요 | 변함없이 태평주의

치열한 의리와 명예로 버틴 지뢰밭 같은 생 | 조규화
축사에서 잠들었던 거리의 시간 | 진격의 흰 치마저고리 | 아리랑 그리고 김치, 곰탕스프
아버지는 남바완 | 기억의 보물창고, 마쓰야마(松山)사무실

전쟁으로 뒤바뀐 생(生) | 오영원
대대손손 글방 선생님 집 | 정신대 피해서 17살에 결혼한 언니 | 빨치산 게릴라들이 내려오던 마을
피난 온 여학생들의 종합고등학교, 진해여고 | 걸음걸이만 봐도 선생 | 여자가 대학 가는 건 기생이 되는 것과 똑같다
등록금 마이가라(가불) | 이상한 발음의 애국가 | 뉴 커머, 아이들은 다다미 넉장 반

내 자랑은 주인(남편) 밖에 없어요 | 김주태
밀항의 기억 | 제일로 마지막 배 | 풍선 배달하는 경상도 남자
씨암탉 잡아주고 기저귀를 빨아주던 비녀 꽂은 시어머니 | 내 잘에 왔는데 그라믄 안된다
7,000만 엔을 모금해서 만든 경북도민회관

벌거지 소리가 나는 바이올린 | 이남이
37통의 라브레다 | 신(神)의 세계, 도구의 세계 | 약장사의 바이올린 | 기소 후쿠시마의 판자집 | 무장간첩혐의
마스터메이커 제작자 | 벌거지 소리가 나는 바이올린 | 그리운 기소후쿠시마

몸도 내고 시간도 내서 만드는 민단사회 | 남조남
몇 번이나 반납된 후 다시 만난 가족 | 트렁크 속의 오바 | 연애보다 밥벌이
기계 돌아가는 소리가 멈추면 눈이 떠진다

통명으로 다녔지만 본명으로 살다 | 김진묵
5,000엔 들고 일본으로 온 아버지 | 미리 새겨 둔 비석이름 | 김씨 4형제 | 1965년, 시골 같은 서울
일본학교 대표선수 '한국인 김진묵' | 모자의 수준급 한국어 | 명함의 힘

비빔밥, 수르집(술집) 여자말

'비빔밥, 수르집 여자말'
이것은 재일동포들이 그들의 어설픈 한국말을 가리키는 말이다.
일본어와 한국어가 뒤섞인 비빔밥 같은 말
붉은 조명 아래 술 한 잔을 시켜놓고 한국인 마마에게서 배운 말
이 때문에 동포들은 웃음개소리로 '우리말은 전부 수르집 여자말'이라고 입을 모았다

이름도 성도 모르는 조비히게

진동철 (1919년생, 1세, 경북 고령군 성산면 득성리, 도치기현 우쓰노미야시)

푸른 돌복 입은 여실쟁이

그는 1919년 고령에서 '금광업'을 했던 부유한 집안의 독자로 태어났다. 보천교 교원출신이었던 아버지 덕분에 '절에서 한학을' 공부하고 소학교를 졸업했다. 당시 '서당 집안'의 유일한 아들이었던 그는 집안의 가풍에 따라 '머리를 지라서' 댕기머리를 하고 다녔다. 그가 안동의 중학교에 입학하던 날 '여실쟁이가 공부하러 왔다며' 그의 '머리를 땡기는 놈도 있고' 하루 종일 '송골에 돼지 몰리듯' 심하게 시달렸다. '내편 드는 사람 하나도 없고 전부 다르게 보는' 학생들 때문에 그는 '챙피시러버서' 중학교에 입학하고 '두 번도 간 일이 없었다.'

"집에 선친이 보천교 교원이거든예? 푸린 돌복을 입고, 그 이제 정복이 있으예 그 보니까, 머리를 지르고 가이끼네, 내가 소학교 나와 가지고 중학교를 들어가보이께네 이 댕길 데리고 지라가지고 가니까 챙피시러버서."

공부가 하기 싫어 도망간 만주

하루 만에 학교를 안 가겠다던 그에게 부모님은 접장(보조교사)을 붙여 한학공부를 시켰다. '내하고 아무관계도 없는' 공부는 그의 '천성에도' 맞지 않았다.

18살이 되자 그는 그저 '공부가 하기 싫어서' 만주로 도망을 갔다. 만주 가는 기차 안에서 '속시원하게' 댕기머리도 잘라버렸다.

그렇게 허겁지겁 도망간 만주는 또 그의 '천성에 맞지 않았다'. 얼마 지나지 않아 청도에서 경찰관으로 있던 종형에게 부탁해 다행히 일본으로 갈 수 있게 되었다. 당시 만주는 '차표만 사면 갈 수 있었지만' 일본은 여행권에다 학교입학이라는 '신원보증'까지 확인이 되어야 입국할 수 있었다. 거기다 입학금과 식비, 숙박비 등의 여비를 확인과정에서 보여주어야만 했다. 어렵게 초청권은 구할 수 있었지만 여비마련이 문제였다. 그는 차마 가족들에게는 말하지 못하고 '회계를 담당했던 3살 많은 먼서기 친구'에게 '100원'을 빌렸다. 논 한마지기가 100원이었던 때였다. 그 돈은 나중에 아버지가 갚았다.

"광산 파가지고 인제 여 와서 여 광부들이 이래 번쩍 들어오면 물방아에 갖다가 여서 금을 정비를 해다가 그 여이쪽에 고가 여섯이고 이쪽에 고가 여섯이고 똑바리 물리가 있었다고, 참 구운몽 같은 얘기지, 돌 캐고 와가지고 물방에 가지고 이제 금을 정비 해야 되지 않습니까? 하루 밤새도록 이 물방에다 광산 넣어가지고 드가면은 부웁니다. 부우면 금은 무거우니까 금은 남고 돌은 흘러가고 그 하루 밤새도록 일해서 금은 나오는기 요만큼 백께 안 나와에. 그기 천성에 안맞았던 모양이지? 인제 나는 그 밑에 그니까 한학 전문으로 하는 선생님이 있으셨는데 거 내 혼자 서당에 가서 공부를 하는데 여름이 되면은 그리 한문을 읽는데, 그게 줄로 세워 읽으면서 그 아무 내하고 관계도 없는 일인데 자꾸 하라카이 그게 갔다가 학교는 도망을 쳐 왔는데 오고 보니까 그것도 싫고, 저것도 못하겠고 이것도 못하겠고 그래서 나는 만주로 도망을 가삐맀어."

닭 잡고 화투치는 사이에 '불덩거리'가 된 동경

도쿄에 있는 '나가노무선전문학교' 입학을 전제로 그는 일본에 무사히 들어오게 되었다. '학교 입학하는 허가증'만 받았지 학교는 간 일도 없었다. 그때 당시 '나가노무선전문학교'는 '생명도 보장 안 되는' 스파이를 양성하는 교육기관이었다는 사실은 나중에야 알았다.

그렇게 '가도 오도 못하고 돌아오는 길에서' 그는 '무법천지 삼시세끼 밥만 먹고 살면 되는 형편'에 이르렀다. '방랑생활'로 이곳저곳을 떠돌며 그는 안 해본 장사가 없었다. 금니장사, 밀주제조, 고철장사, 막노동, 중고시계 수리업 등 일이 잡히는 대로 마다하지 않았다. 그러던 중 그가 '도치기현 하시가와시'에서 항공기 부품을 만드는 '우에하라 제작소'에서 일할 때였다. 친구와 함께 '닭 잡아놓고 화투치며 노는 사이'에 30만 평의 공장은 그만 잿더미가 되어버렸다. 24살의 그가 동경대공습을 피한 것은 순전히 '밤새워서 친 화투판'덕분이었다.

"닭을 잡아 놓고 화투치고 놀러가재예. 하도 꼭 가자고 해놔가 따라갔어예. 인자 거 가서 밤새고 화토치고 닭 잡아 놓고 먹고 놀았는데 동쪽이 풀이노이 하늘이 벌거이 해놨는데 이제 동경 폭격 당했다. 이런 소문이 나이까 드가보이까 동경하늘이 벌거이 불덩거리가 되있어."

"그리 닭 잡아무근 따문에 살았으여. 바로 그 중심지라, 폭격중심진데 거기 내 공장이 있었거든예. 그 공장 그래 불타뿌리고 나는 야마가타로 와삐맀지. 화토치고 안 놀았으면 거가 있었으면 죽었지."

야마가타 신문사 점령

해방 후 재일조선인들과 일본인들의 충돌은 곳곳에서 일어났다. 그러는 가운데 일본의 어느 한 신문에서는 '조선인이 사람을 잡아다가 인육을 짊어지고 다니며 판다'는 등 재일조선인들을 폄하하는 날조된 기사를 매일같이 실어 날랐다. 민단도 조총련도 생기기 전이었다. 당시 조선연맹 부위원장으로 있었던 그는 '미국헌병대(MP)'를 찾아가 큰 소리를 치며 거칠게 항의했다. 그 사건으로 그는 '아키타 형무소'에 수감되기도 했다.

고춧가루 300포, 1년 치 자동차 휘발유 실은 밀무역선

해방이 되자 그의 아버지는 귀한 아들을 찾으러 직접 밀항선을 타고 일본으로 왔다. '맨손 쥐고 못 나간다'는 아들에게 아버지는 허리에 찬 하라마끼(전대)를 보여주었다. 현금 7만 엔이었다. '맨 몸으로 와도 먹고 산다'며 그를 설득하는 아버지에게 일본에서 모아 둔 전 재산을 정리하고 한 달 후에 뒤 따라 가겠다는 약속을 했다. 히로시마에서 20톤 짜리 배를 사서 '피복도 사고, 고춧가루 300포도 사서 싣고, 1년 치 자동차 휘발유'도 사서 실었다. 당시 26살이었던 그는 '리쿠사쿠(배낭)에 넣어 짊어지고 다닐 정도'로 돈이 많았다.

"그 인제 배에다가 싣고 가는데 전 재산에 그 때 돈으로 한 30만 엔 그때 내가 모은 돈은 한 30만 엔 됐지. 그 돈을 그러케해서. 돈 많았어. 리쿠사쿠에 짊어지고 댕깄어요."

히로시마 항을 떠난 수송선은 얼마가지 않아 시모노세키 앞바다에서 '밀무역선'이라는 죄목으로 붙잡히고 말았다. '물건만 앞세우면 되는 기 아이고' '과거 범죄를 다 기록해야'된다며 경찰은 그를 붙잡아 두었다. 물건들은 모두 몰수당하고, 시모노세키 모지 경찰서에서 그는 '금속' 당한 채 재판을 기다려야 했다. 당시 70척의 배가 계류 중이었다.

"시모노세키가 막 사이렌이 나고 막 난리가 났어. 인자 우리 배 잡으러 온기라. 그래서 선장이 밀무역한 해적이라고 체포하러 왔습니다. 그래 어떻게하이께 저거는 철선 그래 푸꾸 받아뿌리께 이거는 목선이고 저건 철선인데 받음 우리만 죽지 전투를 못잡습니다. 그럼 어떻게 하면 되느냐, 뭐 여 그냥 죽는기지, 전쟁에 죽는기나 이 잽히기나 한가지소. 잽히믄 살 그 못해겠지만 체포 그 죽고 총놔서 못당합니다. 지금 저거는 기관총을 가지고 있는데 안된다해. 그러니께 왔는데 선장이 안된다 하는데 내가 할수도 없고 그래서 물건 다 빼뚤리고 난 그때가지고 잽히 뼈렸어. 물건 다 빼끼뿌릿지, 돈은 일전도 없지. 일전도 없어도 저 선지 뭐가 화재가 나니까 뭐 설마 돈이야 뭐 나오겠지 싶어서 날 일부러 캤는 모양이지. 근데 이제 재판을 하자고 나오래예. 재판 할 필요 없다, 문제는 내가 가지고 내가 벌어가지고 막 가는데 너거 배 뚤리, 너거가 해적이고 강도아이가 그래."

내 진동철이라는건 어데 가뿌고 없고, 남은 이름 '조비히게'

연맹에 있으면서 '조직물을 쪼매 묶은' 그는 '내가 노력해 벌어가지고 가는 긴데 공문도 없이 함부로 철선을 갖다 대는' 그들에게 '너거가 해적이다'라고 호통을 쳐가며 혼자서 투쟁했다. 며칠간 계속되었던 형무소 유치장에서의 그의 일관된 시위를 전해들은 '미국헌병대'와 5명의 군 책임자는 그와의 면담을 받아 들였

다. 그는 통역을 맡은 이에게도 낱낱이 해석하되 함부로 뜻을 섞어 오독하지 말 것을 당당하게 요구했다.

"니 멋대로 시부리는 게 어딨노. 멋대로 하는 건 통역이 아니고 건달이라. 건달 카는 거는 깡패도 아이고 학자도 아이고, 어디든지 대가리 대고 어깨 들대이는 거 아이가."

다음날 아침 선주와 화주를 포함한 300명이 모두 석방되었다. 그 일을 계기로 재발방지를 위한 '투쟁위원회'가 만들어졌고, '이름도 성도 모르던' 그를 가르켜 사람들은 '조비히게'라고 불렀다. 군수공장 일본 공장장의 '어린애 취급'이 하도 싫어서 코 밑에 짧은 수염을 기르고 다녔던 그는 '진동철이라는 건 어데 가뿌고 없고' 6개월의 투쟁기간 동안 사람들은 '조비히게'만 기억하고 있었다.

"이제 화가 나니까 난 나대로 할 말이 마이 있지. 내가 내 물건 가가는데 너거 여태까지 가는 거는 환영해놓고 말이야, 갑자기 서문을 막아놓고 그 배도 뺏들고 사람도 압수하고 그런게 어딨노 말이야. 너건 해적이란 말이야 사람 다 석방해라 빨리. 그래 이제 내 몸이 먼저 해결해야겠다 싶어서 인자 내 혼차 싸웠지. 난 연맹 인생에서 조직물을 조금 묵었거든."

생일 헛잔치

'체포당해서 다 못쓰고 이제 백수한량'으로 장사밑천을 다 빼앗긴 그는 '돈을 만들기 위해' 50명의 사람들에게 '생일잔치 공문'을 보냈다. 생일도 아닌 '생일 헛잔치'에 70명 정도의 사람들이 모였다. '망했다는 소문을 들었는데 무슨 돈이 있어 잔치를 하는 지 궁금해서' 참석한 사람들이었다.

거의 대부분 나이가 많은 재일동포 1세들이었다. 소박한 술상으로 정성을 다한 그는 '장사 밑천을 석 달만 빌려 달라'며 총 49만 엔을 거둬 들였다. 일본 요정에서 벌인 그의 '헛잔치'는 결국 성공했다. 그는 '제일 밑에 있는 1세'였지만 '보통 범인(凡人)이 아니다'라는 사실을 새롭게 알리게 된 계기가 되었다.

"이제 그 요정에서 헛잔치를 한 번하고 그래 사실은 그 항복을 햇기라. 생일은 10월 초이일이 생일날이고, 이건 헛잔치라고 하하하. 그 노인들 이래 뭐이 대접하는것도 허이라고. 말이. 내 돈이 한푼없고에 대접할만한 사람한테는 해야될 거 아인가 말이에 그래 술맛이 없었습니까? 그부터 물어보이께 오늘 맛이 이상하더라 이래. 그 이 저 먹고 남은 종지에 있어 근데 역사를 얘길 했어. 그래 이래가 내가 백수 한량이 되가지고 왔는데 장사는 해야 되는데 밑천 한푼도 없으이 도둑질도 못하고 할 방법이 없으니까 여러분이 모일 때 식사만 했다고 곤란한 사람들 안 불렀으이까 그래가 이제 내가 장사 밑천 석 달만 빌려주쇼, 일 인당 만 엔씩만 빌려주쇼. 만 엔씩 빌리가 49만 엔 각출했어. 한해 이제 아이고 마 진동철이 그 각각해서 정리지를, 있으면 갚는기고 없으면 못갚지만, 내가 이돈 못 갚게 되면 내 신세가 말썽, 말이 안되니까 내가 갚아야 되지요. 갚도록 조금 기다려주시오 석 달이면 되겠다."

돈벌이는 구속당한 역사가 없어요

장사밑천으로 가장 먼저 시작한 사업은 고무사업이었다. 오사카의 고무신 공장에는 조선사람들이 많았다. '천일고무'를 취급하는 제주출신의 친구에게서 '10톤 화물열차의 기차 한 칸'을 30만 엔을 주고 사서 두 달 만에 처분했다. '한 두 번 하니까 100만 엔'이 모였다. 그렇게 모은 돈은 '헛잔치'로 빌린 돈을 갚고, 남은 돈으로 포목장사를 시작했다. 돈이 있으니 주변에는 사람들이 들끓었다. 광산에 있는 사람들까지 그를 찾아왔다. 뭐든지 잘 돌아가던 시절이었다. 양단장사, 광목장사, 공단장사, 신장사, 보석장사까지 두루두루 섭렵했다. '현찰'을 가장 많이 들고 다니던 그는 한 때 '돈 빼끼물라고 작정한 놈들'과 '하루 종일 걸려서 전 재산을 다 잃어먹은' 노름에 빠지기도 했다. 지나보니 '허송시월도 참 마이 하던 젊을 때'였다.

그 이후 '면포 짜는 기계'로 번 돈은 200만 엔이었다. '집 살 수 있고 길 살 수 있는 대단한 돈'이었다. 그 다음에 '값이 헐하다고 얼른 사삐린 생고무 10톤'은 알고 보니 장물이었다. 곧바로 미국헌병대가 찾아와 다 빼앗아 갔다. '생고무 바람에 거지가 돼서' 고향에도 갈 수 없었다. 겨우 '찌끄래기 끓어 모은' 몇 푼으로 빠친코 기계를 만들어 팔았다. 이래저래 만든 6,000만 엔을 투자해서 벌인 '자갈장사'도 망했다. 1945년 그가 26살, 빚만 6,000만 엔 이었을 때였다. '벼락부자가 됐다가 거지가 됐다가 그 희곡이 굉장한' 시절이었다.

"그 사람들이 다 싣고 가뿌고 위에는 맹하이 전부 자갈 같이 보이. 나는 자갈인줄알고 그걸 맡았단 말이야. 돈을 또 빌리 모아가지고 자갈 사업을 또 시작을 했어요. 이 뭐 자갈 한 개 파는데 두 시간도 걸리고 시간도 걸리고 장사가 될 턱이 되야지. 그이 그 자갈 못 파이까 기계 값도 못 주고 월부로 샀는데 그때 돈을 한 6,000만 엔 투자를 했는데 전부 빚이 일전 한 푼을 내는 없지예. 그런 역사를 가진 사람이대."

변함없이, 태평주의

민단이나 총련이나 '민족을 팔아먹는 일'이 아니라면 그에게는 별반 다를 게 없는 조직이었다. '뻘갱이도 좋고 흰둥이도 좋고 사람을 접촉'하면서 '영어도 해야 되고 한국말도 해야 되고 일본말도 해야 되는데 생각 자체가 시종일관 변함이 없는 인생이라면 어디가도 다 통한다'는 그의 철학은 태평주의다.

"국적 바꾼다고 해서 내가 일본사람이 될끼가 우예. 백번 바까도 한국은 한국이지 국적은 바꿀수 있지만은 민족은 못 바꾼단 말이에요. 내 지론이 그기라. 단일 민족인데 북조선 캐봤자 멋대로 만들은 기지, 한국은 뭐 우리가 멋대로 만든 거 아이가 말이야. 그 통일을 해뻐리면 그 원족으로 돌아가는 것 아이가 말이야, 원족이 조선아이가."

치열한 의리와 명예로 버틴 지뢰밭 같은 생

조규화 (1927년생, 1.5세, 경북 의성군, 도쿄도)

축사에서 잠들었던 거리의 시간

그는 1927년 경북 의성에서 태어나 이듬해 어머니 품에 안긴 채 일본으로 건너왔다. 먼저 일본으로 옮겨와서 자리를 잡은 아버지는 공장의 관리직으로 일하고 있었다. 식민지 조선의 국민이 자연스럽게 '황국신민'이 된 것처럼 그는 어릴 적부터 자연스럽게 일본학교를 다니며 일본식 교육을 받으며 자랐다.

다른 재일조선인처럼 그 또한 자기가 조선인이라는 사실을 깨닫기까지 많은 시간이 걸렸다. 학교를 다니면서부터 차츰 주위의 수군거림과 차별을 통해서 '다름'을 인식하게 되었다.

절망의 바닥까지 내몰렸던 그는 어린 나이임에도 불구하고 요코하마 조선소에서 일하기도 했다. 전시상황이라 일하는 틈틈이 총검술 훈련까지도 받아야했던 고된 일과의 연속이었다. 힘든 조선소를 빠져나와 부모님을 찾아갔지만 이미 행방이 묘연했다. 그때 그의 나이 13살이었다.

나중에 가족들이 해방을 맞은 고국 땅으로 돌아갔다는 소식을 풍문으로 전해 들었다. 그럼에도 불구하고 그는 쉽게 발걸음을 돌리지 못했다. 그는 일본에서 자랐다. 집도 일본이며 친구들이 있는 곳도 일본이며 유년의 추억과 함께 떠오르는 장소 또한 일본이었다. 그에게 고향으로 가는 길은 아득하게만 느껴졌다.

전쟁이 끝났지만 무섭고 두려웠다. 어린 나이에 혈혈단신으로 거리를 배회하며 하루하루를 힘겹게 버텨갔다. 별 것도 아닌 시비에서도 '조센진'이라는 것이 밝혀지면 경찰서까지 끌려가는 일이 다반사였다. 경찰들의 검문을 피해 축사에서 짚을 덮고 잠들었다. 거리의 시간들은 '외롭고, 슬프고 또 고단했다'.

진격의 흰 치마저고리

5남1녀 중 넷째인 그는 말썽도 많았고 싸움질만 하고 다닌다며 어머니에게 맞기도 많이 맞았다. '공부 말고 싸움은 항상 1등'이었다. 공부는 꼴찌에서 두 번째, 그 보다 공부를 더 못했던 일본인 친구가 1명 있었다. 그가 유일하게 고맙게 생각하는 친구였다. 용돈이 필요할 때마다 '물 좀 길어다 주고' 어머니를 구슬려 돈

을 받아냈다. 어머니는 일부러 그에게 심부름을 시키고 용돈을 쥐어주기도 했다.

어머니는 직선적이었으나 정이 많은 분이었다. 눈매와 입매가 한 눈에 보아도 조선여인네의 단아한 모습이다. 학교에서 어머니를 불러오라고 한 날에는 그는 몹시 긴장했다. 언제나 그랬듯이 어머니는 정갈한 흰 고무신에 빳빳하게 풀 먹인 치마저고리를 입고 오기 때문이었다.

그는 몇 번이고 '조선옷을 입고 오지 말라'며 떼도 부려봤지만 소용없었다. 어머니는 한결같았다. 아무리 싸움에는 '짱'이었던 그였지만 '조센진'이라는 이유로 당하는 이지메는 서러웠다. 어느덧 '차별'은 그를 더욱 강하게 만들었다. 지금은 그때의 어머니 모습이 '참으로 귀했던 모습'이라는 것을 안다. 아니 그 이상임을 알아버린 지금은 부끄럽기까지 하다.

아리랑 그리고 김치, 곰탕스프

해마다 신년 때면 수십 명의 다른 야쿠자 오야붕이 찾아와 문안인사를 할 정도로 그는 이미 일본 야쿠자(데끼야, 일본 최대 노점상조직) 사회에서 원로급에 속한다.

그럼에도 불구하고 '경북의성향우회장', '도쿄경북도민회 고문', '민단도쿄도 시마지부 고문' 등 그는 고향과 관련해 많은 직책을 맡고 있다. 오래 전 '일제 법일 때'부터 민단이나 조총련이나 상관없이 동포들이 곤란한 일을 당했을 때 그를 찾아왔다.

1972년 그는 민단의 도움으로 처음 고향을 찾았다. 마흔 다섯 살이 되어서야 다시 만나게 된 어머니의 손을 부여잡고 그는 밤새도록 실컷 울었다. 마을에서는 큰 잔치가 벌어졌고 머리카락이 '보얗게 센' 어머니는 아리랑을 흥얼거리며 '다리까지 흔들며' 춤을 췄다. 고향집에 머물던 며칠 동안 어머니는 그가 좋아하는 곰탕진국도 끓여서 내오고, 김치도 새로 담가주었다. 그는 일본으로 돌아오기 전 '부모님과 남은 형제들이 충분히 먹고 살만큼의 돈'을 마련해 주었다.

그때껏 고향 의성의 풍경은 뜨문뜨문한 '초가집과 논밭과 돌담'이 전부였다.

자동차 한 대 볼 수 없었다. 새마을운동이 한창이었던 그 시기에 그는 민단 도쿄 도시마지부와 함께 고향을 위해 도로와 노인회관을 지어주고 소까지 실어 보냈다. 그 후 의성군의 체육관 건립도 지원했다. 또한 최배달 선수나 역도산, 장훈 선수와 같이 일본에서 활동하고 있던 재일동포 운동선수들을 물심양면으로 지원해 주었다.

"조국은 계산 없이 기쁜 마음으로 하지."

아버지는 남바완

아버지는 냉철하고 단호했다. 아버지를 가장 존경한다는 그에게 아버지는 '세계 1위, 남바완'이다. 그는 조직의 행동지침에서도 부모님에 대한 '효'를 강조하고 있었다. 가족사진 속의 아버지는 잘 생긴 수염을 가졌다. '아버지 시대에는 아무나 기를 수 없었던 수염'이었으나 지금은 '누구든지 아무나' 기른다고 그는 못마땅해 했다. '강한 마음'을 심어준 이순신 장군을 좋아한다는 그는 만약 인생을 다시 산다면 의사나 대통령이 되고 싶다고 했다. 이번 생(生)에서 그가 스스로에게 준 점수는 70점이었다. 치열한 의리와 명예로 버틴 지뢰밭 같은 생이었다.

"센 사람은 나쁜 사람이 아니다."

기억의 보물창고, 마쓰야마(松山)사무실

1940년대 부모님이 모두 고향으로 돌아갔다는 소식을 듣고 왜 혼자서 찾아가지 않았냐는 질문에 그는 말했다.

"내 고향 의성에 호랑이가 있어서 무서워 못 갔다."

의미심장하고도 느닷없는 통찰력이었다. 거칠었던 고행의 삶을 관통해 온 그는 아흔이 가까운 나이에도 여전히 날카롭고 팽팽했다.

이케부꾸로 중심가에 위치한 그의 개인 사무실에 초대되었다. 전통 야쿠자 방식으로 꾸민 사무실로 주로 중요한 회의를 하는 곳으로 사용된다고 했다. 벽면 가득 걸려 있는 사진들은 그가 지금껏 살아 온 시간들을 증명이라도 하듯 빼곡히 진열되어 있었다. 19세기와 20세기가, 가족과 친구들이, 형제들과 정치인이, 약속과 맹세가 악수하고 있었다. 시들지 않는 조화(造花)처럼 말이다.

흑백의 장교사진은 형이었다.
일본학교에서 1등을 한 번도 놓치지 않았다는 조센진
형은 육군사관학교를 거쳐 장교가 되었다.
공부에서 늘 1등이었던 형은 장교가 되었고,
싸움에서 늘 1등이었던 그는 신농도(神農道)가 되었다.

벽에 걸린 '행동지침'은 마치 윤리교과서의 한 장을 옮겨다 놓은 것처럼 담백했다. '직심, 정, 희망, 이해, 노력, 꿈, 건강, 인정, 의리, 사랑' 묵직한 붓글씨로 일일이 열거해 놓은 그들의 교훈은 데끼야의 이미지와는 어울리지 않을 정도로 시시콜콜하고도 친절했다. 금색 프레임 속에서 세로로 흘려 쓴 붓글씨는 마치 그들이 만든 최초의 문장 같기도 했다. 방 두 개와 작은 거실 하나로 이뤄진 그의 보물창고는 기억의 창고이기도 했다. 그의 책상은 오래된 사진과 온갖 종류의 책과 알 수 없는 선물꾸러미로 둘러싸여 있었다. 그를 맞은 직원들은 민첩하게 움직였다. 한여름에도 불구하고 긴소매 양복차림의 그들은 발뒤꿈치를 들고 다니면서 차도 내오고 다과도 준비해 주었다. 땀 냄새와 긴장감이 좁은 공간에 꽉 들어찼다. 그는 침착하고 섬세했다.

전쟁으로 뒤바뀐 생(生)

오영원 (1935년생, 뉴커머, 경북 영양군 청기면 청기리, 도쿄도 타이토구)

대대손손 글방 선생님 집

그녀의 고향은 경북 영양군 청기면이다. 그녀의 할아버지는 '기미독립선언 때 독립만세를 부르다 형무소에 투옥'되었으며, 옥고를 치르면서 읊었던 한시가 시집으로 묶여져 나오기도 했다. 그녀의 집은 마을에서 '대대손손 글방 선생님 집'으로 통했으며, 동네의 대 여섯 살 된 남자애들을 모두 사랑방에다 모아놓고 천자문을 가르쳤다.

5남매 중 제일 큰 언니는 막내인 그녀가 태어나기도 전에 시집을 갔으며, 천자문을 익히면서 자랐지만 지나치게 엄격하고 가부장적인 집안분위기에 순응하지 못했던 둘째오빠는 작정하고 교장 선생님을 졸라 일본 유학길에 오르게 되었다. 마침 교장 선생님의 아들이 동경에서 유학 중이었다. 14살 둘째 오빠는 혼자서 일본유학을 준비했고, 12살 그녀에게는 혼삿말이 오갔다.

"어머니가 그 명주를 이렇게 틀에다가 짜서 물을 들여서 다듬이로 이렇게 해 가지고 치마저고리를 제가 열 살 때 만들어 입었어요. 그러니까 팔을 내놓으면 안 되죠. 안채가 있고, 안채 가운데 뜰을 건너서 사랑채가 있는데 사랑채를 거쳐서 바깥에 나가려고 하면은 사랑방에 어른들이 앉아 계시면, 제가 걸어가지를 못했어요. 손을 흔들 수 없었고, 그런데서 컸어요. 그런데 어떻게 학교를 보내요. 말도 안되죠."

정신대 피해서 17살에 결혼한 언니

이후 유학을 떠났던 둘째 오빠는 그녀에게 공부를 계속 하라며 일본에서 공책과 연필을 부쳐왔다. 일본 식민지 시대였지만 다행히 부모님은 그녀를 학교에 보내주었다. 그녀가 1학년에 올라가자마자 모든 학교 수업은 일본어로만 해야 했다.

1941년 태평양전쟁이 일어났다. 전쟁의 기운은 블랙홀처럼 조선반도를 오래도록 휩쓸었다. '젊은 여자는 정신대로, 젊은 남자는 학도병'으로 끌려가야만 했다. 여자는 시집을 가야 '정신대'를 피할 수 있었고, 남자는 '장가라도 가야지 죽어

도 제삿밥을 얻어먹을 수 있다'며 유행처럼 조혼이 번졌다. 그렇게 17살의 언니는 학도병 징집을 앞 둔 남자와 결혼을 했다.

형제 중 유일하게 남은 그녀가 4학년이 되던 해 해방이 되었다. 일본말이 가고 조선말이 왔다. 학교는 1년 휴교를 한 뒤 다시 한글과 천자문을 가르쳤다. 그렇게 2년을 공부해서 중학교에 들어갔다. 해방이 되고 일본에서 돌아온 둘째 오빠는 해군사관학교 1기생으로 해군장교로 복무했다. 그때껏 마을에서는 한 명도 간 적 없었던 중학교를 보내주겠다는 둘째 오빠의 약속은 다행히 지켜졌다.

중학교는 영양에 있었다. '옛날 기미년 일본사람이 쳐들어왔다가 못 넘고 울다가 돌아갔다고 예우름재'라고 불리던 산을 하나 넘어야 중학교에 갈 수 있었다. 새벽같이 일어나서 해가 뜨기 전에 '막 달려서 산꼭대기까지 올라가면 동쪽에서 해가 떴다'. 해 뜨는 걸 보고 '와 소리 지르고는 또 달려서 내려가면' 학교수업이 시작하는 시간이 되었다. 하루 4시간을 오가며 그녀는 영양중학교를 2학년까지 다녔다.

빨치산 게릴라들이 내려오던 마을

1940년대 후반 산속에 있던 '빨치산 게릴라'들이 자주 마을로 내려왔다. 군인 가족이라 그들의 표적이 될 수 있다며 기지가 주둔해 있는 진해로 이사하기를 권했지만 부모님은 집안 대대로 '학문을 가르쳤던 스승의 집'이라며 걱정하지 않았다. 걱정이 된 둘째오빠는 다시 이사올 것을 권했고, 그 무렵 '공비들이 잡혔다'는 소식이 들려왔다. 집단으로 사살되는 현장을 목격한 어린 그녀는 심하게 아프기 시작했고, 가족들은 서둘러 진해로 옮겨갔다. 이후 바로 6·25가 터졌다.

"그 공비들이 게릴라들이 잡혔어요. 한꺼번에. 무더기로 전부 잡혀가지고 파출, 경찰소에 들어갔다가 바로 어느날 학교 옆 교장이 종을 땡땡땡 쳐서 운동장에 모이라 그래서 우리가 다 모였더니 전부 총을 매고 있는 사람들이 학생들 다 모아놓고 뺑 둘러 섰어요. 그러고 딱 앞에 서 가지고, 전부 우리보고 저쪽 언덕으로 나가라고. 그래서 학교 운동장해가지고 언덕에 영양 군청 있는 쪽으로 언덕에 올

라갔거든요? 거기서 다모여가지고 서 있으라 그래요. 가니까 그 뒤에 산이 있는데 산 밑에 사람들이 전부 헝겊으로 얼굴을 두른 사람이 한 30명 50명 정도 쫙 10명씩 줄을 서서 앉아있어요, 밭에, 그때는 밭이었어요. 앉아있는데 총 맨 사람들이 학생들 지하조직이 굉장했거든요. 학생지하조직이. 그래서 너희들 정신 차려라. 너희들 잘못하면 너희들도 이것과 똑같다. 그렇게 되가지고 열 명씩 세워놓고 열 명씩 따

219

다다다닥 죽여버리는 거에요. 열 명씩 죽으면 가가지고 총 끝에 칼을 꼽아가지고 죽었는가 안 죽었는가 찔러서 확인을 해보는거예요. 그리고 또 열 명씩 세워가지고 총을 쏴서 죽이고 또 칼로 확인하고 그거를 몇 십 명을 하는거를 보고는 며칠을 밥을 못 먹었어요. 그래서 제가 밥도 못먹고 잠도 못자고 아무것도 못했어요. 그러니까 오빠가 안되겠다. 빨리 진해로 오세요 해서, 우리는 2월에 가족이 전부 진해로 갔죠. 1950년 2월에."

피난 온 여학생들의 종합고등학교, 진해여고

당시 '군인가족만 올 수 있었던' 진해는 비교적 안전했다. 덕분에 그녀는 직접 6.25를 겪지는 않은 셈이다. 전국 각지에서 피난 온 군인가족들은 진해에서 집결했다. 진해여고 교정은 순식간에 '피난 온 여학생들의 종합고등학교'가 돼버렸다. '처음에는 교복도 각각 자기 학교 교복을 입고 모였다' 그러나 얼마 지나지 않아 국군이 학교를 점령하고 학생들은 기숙사에서 수업을 하게 되었다.

"기숙사가 학교가 된거야. 기숙사 방 하나가 다다미 방이었는데 다다미를 걷어내고 판자위에다가 책상 놓고 기숙사를 교실로 해서 공부를 하는데 서울에서 온 고등학생이 각 자 자기학교의 교복을 입고 공부를 하고 선생님들도 서울에서 피난을 와가지고 갈 데가 없으니까 그냥 학교로 찾아 오는 거예요."

피난 온 선생들 또한 수업을 하겠다며 학교를 찾아왔다. '교회 장로 출신의 교장'은 그들을 다 받아주었고, 온갖 과목의 수업들이 생겨났다. '대학교 기초교육'은 물론이고 '소설가 임우영 한테 국어를 배웠고, 서울대 권영대 교수한테 물리학을, 유명한 화가 유경철 선생님한테 미술을, 영어는 숙대 교수가' 가르쳐 주었다.

"참 축복 받은 거죠. 저는 다 겪었잖아요. 일본식민지시대 겪었죠, 태평양전쟁, 2차대전 겪었죠, 6·25사변 겪었죠, 그 온갖 것 다 겪었는데 직접 몸으로 겪은 거

는 일본 식민지 시대에 공부를 하다가도 전부 학생들 모아가지고 산에가서 솔 솔뽕이 패오라 그라고 들에 가서 아카시아 꽃잎 뜯어오라그래요. 왜냐면 그거가지고 기름을 내서 그 기름을 분기로 쓰니까. 그러니까 그거를 한사람이 몇 관씩 달아가지고 그거를 학교에 받쳐야 했어요. 그런게 식민지 시대지 그러니까. 그리고 젊은 남자들이 전부 군대를 갔기 때문에 일할 일꾼이 없어서 우리보고 논에 가서 모 심으라 그래가지고 여자도 남자도 할 것 없이 그러니까 그 유교정신에 팔도 못 내놓던 내가 몸빼를 입고 걷어 올리고 논에 가서 모심기를 하고 지렁이한테 물려가지고, 거머리한테 물려가지고 울고 그랬거든요."

걸음걸이만 봐도 선생

진해여고 당시 서울에서 온 담임선생은 공부도 잘하고 똑똑한 그녀를 무척이나 이뻐했다. 심지어 '너를 키우겠다'는 말을 하면서 그녀의 대학진학까지 앞장서서 알아봐 주었다. 3~4달씩 함대를 타고 나가 작전을 수행해야 했던 둘째 오빠와는 도저히 의논이 힘들었다. '걸음걸이만 봐도 선생 같으니까' 서울대 사대 가라고 했던 담임선생과는 반대로 둘째 오빠는 '전쟁이 일어났기 때문에 의사가 제일 인기가 있다'며 의대를 가라고 했다. 결국 진해에서 유일하게 '서울대'에 합격한 그녀는 '사대'를 진학하면서 선생님과의 인연을 계속 이어갈 수 있었다.

여자가 대학 가는 건 기생이 되는 것과 똑같다

'여자가 대학가면 기생으로 나가는 거나 똑같다'며, '독립유공자의 후손'으로 '어떻게 니가 대학을 가느냐'며 어른들은 완강했다. 급기야 집을 뛰쳐나온 그녀는 '시험만 보게 해달라고, 붙어도 안가겠다'는 약속을 하고 시험을 치를 수 있었다. 시험을 치고 돌아오자 식구들은 더욱 냉랭했다. 말 한마디 걸어주는 이가 없었다. 시험을 쳤지만 발표가 났는지 조차 모르고 있을 때 부산에서 놀러 온 학생으로 부터 합격소식을 듣게 되었다. 직접 눈으로 확인하고 싶은 마음에 '해군가족증'을 보여주고 배를 타고 부산으로 갔다. 너무 기쁜 나머지 당시 부산 대신중학교로 전근을 가 있던 진해여고 교장선생님을 찾아가서 소식을 전했다. 평소 그녀를 자식처럼 귀여워 해주던 분이었다. 집안 사정을 너무 잘 알고 있던 교장선생님은 '반액은 대줄 테니 집에 가서 반액만 얻어오라'며 그녀를 다독여 주었다.

등록금 마이가라(가불)

입학금도 마련하지 못한 채 무작정 대학교로 온 그녀는 '입학금이 미처 오지 않아 대신 하숙비로 먼저 등록을 하던' 학생을 보게 되었다.

'집에서 돈이 아직 안 왔다'는 적절한 구실을 찾아서 상급생 한명에게 다가갔다. 면접 시 안내를 맡았던 체육과 4학년 남학생이었다.

'등록금을 연기하면 안돼요?'라고 묻는 그녀의 맹랑한 질문에 상급생은 그녀를 잠시 기다리게 하고 어디론가 사라졌다. 1시간 정도가 지나고 등록금을 대신 내주고 온 상급생은 그녀에게 자장면까지 사주었다. 나중에 안 일이지만 그는 학생과에서 일하면서 공부하는 고학생이었다. 등록마감일인 그날이 마침 월급날이라 오전에 '자기등록금을 제외한 나머지 돈'을 모두 고향집으로 송금한 후였다. 안타까운 그녀의 처지를 그냥 넘기지 못하고 '다음 달 월급을 마이가라(가불)해서' 대신 등록금을 내 주었던 것이다.

"나는 학생과에서 가리방 알아요? 가리방? 이게 저, 묵지를 깔고 기름종이 깔

고 새 펜으로 이렇게 긁어서 이렇게 글씨 써서 미는거. 자기는 학생과에서 글씨를 잘 쓰기 때문에, 학생과에서 그거를 하는 고학생이래요. 그런데 이 달. 그러니까 내가 등록 마감이 25일인데 내가 25일 그날 간 거예요. 마감날이에요. 그러니까 25일 월급이 나온 거야. 근데 그 학생이 월급이 나왔는데 오전 중에 등록금 다 집으로, 자기 등록금 내고 남은 돈을 시골에 부모님한테 붙였대요. 그래서 내한테 수중에 돈이 없어서 다음달 월급을, 마에가리(가불)해서."

그 후 세월이 흘러 우연히 그와 다시 만난 곳은 남편의 고향에서 였다. 고등학교 교장선생님을 퇴직하고 늑막염으로 입원치료 중이었던 그는 '워낙 많은 학생들의 등록금을 내주다 보니' 특별히 그녀를 기억하지는 못했다.

"우연히, 우리 남편 고향을 갔어요. 전라북도 거기 갔더니. 거기 중학교 교감이에요. 내가 1957년에 졸업해가지고 1980년쯤 됐을거야. 못 찾았어요. 내가 학생과 연락을 하고 별별 짓을 하는데 이게 3년만에 전근하는 거예요. 강원도 갔다가 뭐 어디로 이렇게 경기도로 갔다가 뭐 어떻게 3년마다 전근을 하는데 내가 갈 때마다 찾을 때 마다 못 찾은 거예요. 그랬는데 거기서 만난거예요. 그래가지고 너무너무 반가워서 당신 나 기억 못 하냐고. 못한대. 내가 당신을 어떻게 기억하느네. 그래서 당신 나 입학금 대준 사람이에요 그랬더니. '아유 입학금 한두 사람 대줬어야죠' 했어요."

이상한 발음의 애국가

80년대 일본, 그녀가 들어 간 한국식당에는 아무렇지도 않게 '김일성 사진'이 걸려 있었다. '지독한 반공교육'을 받았던 그 시절, 그녀는 '기겁을 하고' 도망쳐 나왔다. 그때까지도 그녀는 일본사회에 살고 있는 '재일동포들'에 대해 잘 알지 못했다. 일본에 들어 온 첫 해 '일본 동경본부 부인회'에서 '한국여성'에 대한 강연 요청이 왔다. 강연 전 '식전행사'를 하기 위해 '태극기를 향해 맹세를 끝 낸' 사람들은 처음 듣는 '이상한 발음'의 애국가를 불렀다. 그녀는 갑자기 알 수 없는 감동이 밀려왔다. 애국가를 부르면서 눈물이 나긴 처음이었다. '아 이게 재일한국인의 생활이구나'를 절절히 느낀 때였다.

"처음이었거든요? 동포들이 모여 있는 데에 강연을 하기 위해 갔더니, 부인들이 있는데 태극기를 걸어놓고 태극기를 향해 경례를 하고 가슴에다 손을 얹고, 근데 선서를 합디다. 그 태극기에. 우리는 뭐, 우리 한국에서는 안하잖아요? 아니 근데 그 서투른 한국말로 선서를 다하고 애국가를 부르는데 내가 솔직히 말해서 가슴이 뭉클해가지고 눈물이 났다고요. 왜 그러냐면 이내들이 여기서 태어나서 여기서 커서 한국이라는 걸 모르는데 그때만 해도 한국을 못간 분들이 많았어요, 하여튼 조국이라는 게 어떻게 생긴지도 모르면서 그러면서 이렇게 조국을 향해 애국가를 부르고 그 하는 모습이 그럼 우리 조국은 이들에게 뭐를 해줬나, 그게 제가 제일 가슴이 아팠어요. 그런데 지금까지도 제가 계속 경북도민회에 참석을 하면서 느낀 건데, 이 사람들은 조국을 위해서 뭐든지 하거든요. 그럼 조국은 이들을 위해서 뭐를 하나. 그런 마음이 있었던 게 제 솔직한 심정이었어요."

뉴 커머, 아이들은 다다미 넉장 반

1965년 국교정상화를 기점으로 그 이전부터 살던 재일조선인은 '올드 커머'로 특수영주자격을 가지고 있으나, 국교 정상화 이후 새로운 여권에 입국비자를 받아 들어 온 '뉴 커머'는 일반 영주자격을 가졌다. '뉴 커머'는 상대적으로 일본 사회에서 심한 차별이나 무시가 덜했다. 고급 교육에다 사회적 지위까지 보장 받은 한국인들이 많았기 때문이기도 했다. 그녀 또한 '조선어 강의'가 아닌 '한국어 강의'로 수업을 맡았다.

1970년대 그녀가 자녀들과 함께 일본으로 들어왔을 때 '하나는 국민 학교, 하나는 유치원에, 보육원'에 다녔다. 가끔씩 '보육원에 다니는 아이를 데리러' 바쁜 그녀를 대신해 '4학년짜리 아들이 갈 때'도 있었다. 일본말도 모르는 아이는 '와타

시와 니혼고가 와카리마셍(나는 일본말을 모릅니다)'라고 쓴 종이쪽지를 항상 들고 다녔다.

아이들은 다다미 넉장 반에 이층침대를 놓고 옆에 코다츠(일본식 난방기구) 하나를 두고, 식탁 테이블을 붙여서 밥도 먹고 공부도 했다. 다다미 여섯 장은 부부의 방이었고 서재였다. 책상과 옷장이 있었고 그 옆에 부엌, 세탁기, 목욕탕이 경계도 없이 붙어 있었다. 그녀는 '그 좁은 데를 걸어 다니질 못했다'. 시간이 없어서 항상 뛰어다녔다. 정신없이 수업을 하고 집에 와서는 또 집안일을 해야만 했다. 그 와중에도 그녀는 이따금씩 'JR 야마노테센 순환전철을 타고 세 번 돌때까지 책 한 권'을 읽고서야 집으로 돌아갔다.

"내가 딱 일을 하고 끝나고 전철타고 학교를 갈 때는 가정주부를 완전히 잊어버리고, 이머리를 학생머리로 바꿔치기를 하고 가는데, 이런 경험이 있는 사람 있으믄 나하고 얘기하면 얼마나 통할까. 전철을 타고 가면 이 머리 앞에 여기서 소리가 나. '삐끄닥삐끄닥' 소리가 나요. 이게 주부에서 학생으로 머리가 바꾸어지는 소리가 들려요. 정말이에요. 삐그덕삐그덕 소리가 들려요. 그러고 이제 학교에서 공부 끝나고 나오면은 이제 거기에는 빨리 또 주부로 바뀌어져서 오늘 저녁 반찬이 뭔가 장보기를 뭐할까 바꾸면은 이번에는 주부로 바뀌어지는 소리가 삐그덕 삐그덕 정말 나요."

내 자랑은 주인(남편) 밖에 없어요

김주태 (1936년생, 1.5세, 경북 청도군 화양읍, 도쿄도 네리마구)
故 이진우 (남편, 1920년생, 1세, 경북 포항시 북구 송라면 중산리, 도쿄도 네리마구)

밀항의 기억

그녀의 고향은 경북 청도군 화양읍, 9살 때 부모님과 함께 밀항하여 시모노세키항으로 들어왔다. 밀선의 기억은 아직까지 생생했다.'우에는 병사가 타고 있고, 가족들은 배바닥에 타고'왔다. 그녀는 배멀미가 너무 심해 '만약 이대로 죽는다면 누군가가 바다로 던져 버리는 것이 아닐까' 하는 공포감과 불안함을 고스란히 기억하고 있었다. 태어나서 처음 보았던 배였고 처음 탔던 배였다. 그 기억 때문에 그녀는 아직까지도 배를 타지 않는다.

제일로 마지막 배

일본에 온 그녀의 아버지는 후쿠이현의 큰아버지와 함께 산을 개발하는 토목일을 했다. '아버지 머리가 좋아서인지 나빠서인지' 배고픈 건 없었던 시절이었다.

해방이 되자 친척들도 하나 둘 귀국선을 타고 고향으로 돌아갔다. 그녀의 어머니는 아버지를 졸라 마지막 배를 타자고 '미루코 미루타가' 결국 배를 타지 않았다. 고향으로 가져간다고 사 모은 연필과 공책은 '일찌감치 귀국선을 타고 돌아가던 사촌들'에게 모두 나눠 주었다.

'그 촌에서 노할매가 묵을 것도 없고 하도 고생을 해서' 다시는 고향으로 가고 싶지 않았을 것이라며 어머니의 그때 심경을 그녀가 대신 말했다.

그녀의 고향에서는 '목화도 따고 누에도 먹이고', '거렁(냇가)에 물 뜨러도 다니며' 겨울에는 꽁꽁 언 냇물을 '방맹이 가지고 뚜드리 깨가 삶았는 빨래'를 헹구기도 했다.

"요새 생각하이, 어머니가 그 얼매나 촌에서 고생했는지. 소도 있고 농사도 지어야 되지요. 시노할배가 있고 할머니가 있고 내 동생 둘이지요. 하이고, 그래 농사짓고, 얼매나 고생했는지 묵을 것도 없는데."

일본으로 와서 두 명의 동생이 더 태어났다. 그녀가 중학교 때 아버지는 돌아가셨다. 어머니는 고생이 싫어 일본에 남았지만 이번에는 '애들 밥 멕일라고 하이' 아버지가 없어서 고생이 더 심했다. 홀로 남은 어머니는 쌀장사도 하고, 고물장사도 했다. '고생해가 오래 못 살겠다' 하시던 그녀의 어머니는 올해 97세로 여전히 건강하다.

"아버지가 없어노이께 어머니가 애들 밥멕일라고 일본에서는 얼매나 고생을 할때 내한테 말하더라. 아이고, 이래 고생해가 나는 몬살겠다 그렇게 많이 몬살지 싶으다 그카드니만은 97세까지 아직까지 정정해요."

풍선 배달하는 경상도 남자

육촌오빠의 풍선공장에서 배달일을 하고 있던 남편은 '철도 관련학교'인 이와쿠라 고등학교를 졸업하고 '세이부 철도'에 들어갔다.

회사의 일본인 상사는 남편이 마음에 들어 사위를 삼고자 했다. 그러자 그는 회사를 그만두고 나와 집도 없는 상태에서 육촌오빠의 풍선공장에서 일하게 되었

다. 그것이 인연이 되어 16살이나 어린 그녀와 선을 보고 서둘러 결혼식을 올렸다.

그녀가 시집와서 얼마 되지 않아 남편의 사촌이 돌연사하는 바람에 조카 두 명을 데리고 와서 키우게 되었다. '아이를 좋아하는' 남편 때문이었다. 결혼을 하자마자 엄마노릇을 해야한다는 것이 도저히 이해가 되질 않았다. 그녀는 당시 21살에 자식도 없는 상태였다.

차츰 재료값도 오르고 장사도 잘 되지 않자 육촌오빠는 지방으로 이사를 가게 되었고, 그녀는 조카들과 함께 도쿄에 남게 되었다.

다행히 남편은 아는 사람을 통해 식사와 담배까지 제공되는 빠찐코 가게에서 일하게 되었다. 그 당시 가장 좋은 조건으로 기숙사에서 살 수 있었다. 결혼하고 3년 만에 파찐코 기숙사에서 첫 딸을 낳았다. 이후 친구에게 부탁하여 '땅을 채서' 니시도쿄 내에 있는 히바리가오카에 집을 짓고 살게 되었다. 조카들 공부도 시켜야 하고, 턱없이 부족한 수입으로는 '큰일났다'고 생각한 남편은 당시 파찐코 가게에 출입하는 업자를 유심히 살펴보다가 '파친코 경품교환소'를 시작하게 되었다. 친구에게서 빌린 '10만 엔'으로 사업을 시작한 남편은 차도 없이 '오도바이 하나 가지고' 배달을 다녔다.

씨암탉 잡아주고 기저귀를 빨아주던 비녀 꽂은 시어머니

1973년 남편과 함께 첫 손주 '상일'을 안고 고향을 방문했다. 남편은 고향을 떠나온 지 35년 만이었다. 그녀 또한 9살 이후로 처음 찾은 고향이었다.

'상일이 알라일 적에' 첫 손주를 시어머니께 보여주기 위해 고향에 머물 때의 일이다. 뜨끈뜨끈하게 군불을 지펴놓은 방에서 그녀가 잠깐 잠든 사이 시어머니는 손주의 기저귀를 몰래 들고

나와 꽁꽁 언 개울에 가서 빨아왔다. 마당 한 가득 널려져 있는 기저귀를 보고 그녀는 미안하고 놀라웠다.

남편은 7형제 중 막내아들이었다. 19살 때 일본으로 공부하러 온 남편은 학교를 다니면서 신문배달도 하고 우유배달도 했다. '썩은 밥'까지 먹어가며 고생을 했다는 것을 시어머니는 알고 있었다. 유난히 막내아들에 대해 애틋함이 컸던 시어머니는 아들 부부에게 '돈이 필요할 때 팔아서 쓰라며' '순금 비녀'도 만들어 알뜰하게 챙겨 주었다

내 잩에 왔는데 그라믄 안된다

'고향말을 배우려면 조선학교 밖에 없었던' 시절, 그녀의 남동생은 조선학교 출신으로 조총련 활동도 했다. 친정식구들 또한 그때껏 모두 '조선적'을 유지하고 있었지만 결혼 후 남편을 따라 '한국국적'을 취득했다.

'내 잩에 왔는데 그라믄 안된다 카면서 그래 바깠어.'

16년 전 그녀는 어머니와 함께 '고향방문단'을 통해 귀국한 적이 있다. 남편은 직접 수속을 해주면서 두 모녀의 고향 방문을 도와주었다. 처음 친정어머니를 모시고 경주도 가보고, 보경사 살구꽃도 구경했다. '내 자랑은 주인(남편) 밖에 없다'는 그녀는 '아무리 민단이라도 자기 고향 생각이 없다보니' 일이 안된다며 걱정했다. '가죽게 살고 있는' 일본인 며느리는 '그래도 열심히 한국사람 될라꼬' 여름방학 때마다 민단에서 하는 강습회도 나가고 한국음식도 열심히 배웠다.

"아버지는 우째해도 자기 고향 마 우째되면 그게 제일이지마는 할 수 없다고, 또 나이 많애서 이런 말도 합니다. 아이고 내가 눈 깜아 삐리면 다 일본사람 되삐린다. 저 상일이도 그렇지만은 고향생각 있습니까. 여기서 태어난 아이들."

7,000만 엔을 모금해서 만든 경북도민회관

2006년 세상을 떠나기 전 까지 남편은 도민회를 비롯하여 여러 가지 민단활동이나 한국정부에 관심을 가지고 적극적으로 활동했다.

'자기 고향에 아무것도 몬해서', '어머니 앞에 어른 앞에 형제 앞에' 무엇이든 해주고 싶어했던 남편은 고향마을에 다리도 놓아주고 많은 논밭도 기부했다. 1,500만 엔을 기부한 '88 서울올림픽'을 비롯하여 1994년 대한적십자사의 사업과 평화통일을 위한 복지기금으로도 많은 돈을 기부했다. 여든을 바라보는 나이에도 불구하고 남편은 재동경 경북도민회 회장, 한일우호협회 고문, 지역민단 고문을 맡는 등 바쁘게 활동했다. 경북도민회 회장 재직 시에는 '경상북도 도민회 회관'을 매입하면서 7,000만 엔을 모금했다. 당시 교포사회를 깜짝 놀라게 한 대단한 성과였다.

"저 80노인 보고 돈을 낼 사람이 있었어요. 얼마나 신용이 있었어요."

당시 일본 국세청에서 나온 세무감사 담당자가 일본 적십자사에서 받은 감사장이 줄줄이 걸려있는 사무실을 보고 한마디 말도 못하고 돌아간 적도 있었다.

"마음으로 자기 고향에 이때까지 암껏도 몬해서, 어머니 앞에 어른 앞에 형제 앞에 자기 고향에 대해서 잘해준 것도 없고 그리고 부모님에게 효도를 못했기 때문에 고국에 대해서 뭔가 이렇게 갚아야 된다 라고 하는 생각을 가지고 기부를 했던 것 같아요. 적십자사 활동도 그렇고요."

조부, 1978년생

증조부, 1860년생

벌거지 소리가 나는 바이올린

이남이 (1940년생, 2세, 경북 청도군, 도쿄도 조후시)
故 진창현 (남편, 1929년생, 1세, 김천시 감문면 태촌리, 도쿄도 조후시)

37통의 라브레다

식민지 시대 일본으로 건너 온 경북 청도 출신의 부모님을 둔 그녀는 일본에서 태어나 일본식 교육을 받았다. 그녀의 아버지는 나가노현의 '기소 후쿠시마'의 이웃마을인 '아게마쓰마치'에서 골동품 가게를 하고 있었다. 아버지는 '오래된 도구나 기계를 사용해서 새로운 도구를 만들어' 팔기도 했다.

1960년대 아버지의 가게로 '도구를 구하러 온' 남편(진창현,1926년생)과 처음 만났다. 마침 외출 중이었던 아버지 덕분에 그녀는 그와 첫 만남에도 불구하고 많은 이야기를 나누게 되었다. 그는 그녀가 '재일동포'라는 것을 알고 더욱 친근감을 느꼈다. 그날 이후 그는 매일 아침 일찍 가게를 찾아 와 문 앞에다 편지를 꽂아두고 갔다. 37통의 편지 중에는 '1600년도 이탈리아의 스트라디바리우스'와 같은 유명한 바이올린을 만드는 제작자가 되고 싶은 꿈을 가진 사람'이라고 자신을 소개하는 내용도 있었다.

당시 그녀의 아버지는 '아내도 없이 혼자 키운 딸'이 가난한 음악가와 결혼하게 될까봐 심하게 반대했다. 그녀 역시 19살의 나이로 결혼에 대해서는 전혀 관심이 없었지만 '자기가 꿈을 이루는데 함께 도와 달라'는 그의 프로포즈에는 선뜻 마음이 움직였다. 뜨거운 열정으로 들떠 있던 그는 그녀와 만나면 무언가에 홀리듯 끝없이 바이올린에 대한 얘기만 쏟아놓았다. 그는 바이올린에 미친 남자였고, 그녀는 한 번도 바이올린을 본 적 없는 여자였다.

신(神)의 세계, 도구의 세계

어느 날 그는 그녀를 자신의 공방으로 초대했다. 문을 여는 순간 벽면 가득 빼곡하게 걸려있는 악기 도구들이 그녀의 눈에 들어왔다. 온갖 종류의 재료들로 만든 도구들이었다. 그 도구들을 보는 순간 '아마 신이 존재한다면 이렇게 도구를 만들지 않았을까'라는 생각이 들었다.

그녀는 '미야자키 하야오 감독'이 만든 영화 '센과 치히로의 행방불명'에서처럼 신비로운 신(神)의 세계로 쑥 빨려 들어가는 경험을 직접 하게 되었다. 그의 작업대에는 말로는 표현할 수 없는 감동과 그의 꿈이 곳곳에 녹아 있었다. 그곳의 모든 기물(器物)은 오래 묵은 손때로 인해 반질반질 윤이 났고, 우묵하고 깊은 나무 향이 베여 있었다.

약장사의 바이올린

경북 김천이 고향인 남편은 어렸을 때부터 '만드는 것'에 흠뻑 빠져 있었다. 공부도 곧 잘 했던 남편은 '밖에 나가서 노는 것' 보다는 집안에서 뭔가를 만들며 노는 것을 더 좋아했다. 그가 처음 바이올린 소리를 들은 것은 '마을에 온 약장사'로 부터였다. 그 신기한 소리에 이끌려 마을을 몇 바퀴 따라다녔던 여섯 살 이후 바이올린과의 두 번째 만남을 가졌다.

아주 우연하게도 그의 집에 하숙하게 된 일본인 선생님이 바이올린을 가지고 있었다. 국민학교 4학년 때 부임해 온 '아이까와 선생님'은 취미로 바이올린을 연주했다. 처음으로 바이올린을 만지게 되면서 선생님에게 배운 두 곡은 '사쿠라사쿠라'와 '고죠노츠키'이다. 이후 1년 정도가 지나자 태평양 전쟁에 징집이 된 선생님은 파푸아뉴기니에서 전사하고 만다. 남편이 중학교 2학년이 되자 아버지가 돌아가시고 생활은 말할 수 없이 어려워졌다. 더 이상 학업을 계속할 수 없었던 남편은 트럭운전을 하고 있던 형을 찾아 일본으로 건너왔다.

기소 후쿠시마의 판자집

그는 영문과에 입학하여 교원자격을 취득했지만 국적이 다르다는 이유로 교사가 될 수 없었다. 그가 대학 3학년 때 '바이올린의 신비'라는 제목의 강의를 우연히 듣게 되었다. 교수는 과학자이자 엔지니어였다. 교사를 단념해야 했던 좌절감 속에서 들었던 강의는 그를 다시 영감의 세계로 귀환하게 했다. 그는 곧 '바이올린 소리가 가진 신비한 힘'을 직접 만들고 싶다는 충동에 빠지게 되었다.

대학 졸업 후 '나카노'에 있는 제작소의 구인광고를 보고 찾아갔지만 '조선인'이라는 이유로 채용해 주지 않았다. 여기저기 기술자를 소개받아 제자로 받아주기를 청했지만 '조선인'이라는 이유로 번번히 문전박대를 당했다. 마지막으로 그가 찾아간 곳은 '기소 후쿠시마'의 '스즈키 바이올린'이었다.

그는 '기소 후쿠시마'의 판자집에서 생활하면서 여름동안 '야사와 강'에 가서 '모래나 자갈을 짊어지고 가서 팔아서' 생활을 하고, 겨울에는 바이올린을 만들었다. 그때부터 그는 어떤 도구도 없는 상태에서 수많은 시행착오를 겪으며 그만의 독특한 소리를 가진 바이올린을 제작해 나갔다.

무장간첩혐의

1965년 한일 수교 이후 1970년에 남편은 그녀와 아들을 데리고 25년 만에 어머니를 만나러 고향을 방문했다. '작은 배를 타고 시모노세키에서 출발해서' 부산항에 도착했다. 다시 김천으로 가는 기차를 탔다. 그녀는 일본에서부터 준비해 간 '치마저고리'를 챙겨 입고 처음 만난 시어머니에게 큰 절을 올렸다. '두 명의 손자'를 품에 꼬옥 껴안은 시어머니는 '아들 하나 밖에 못 낳은 나보다 장하다'며 살갑게 반겨주었다.

오랜 만에 고향에 간 남편은 여동생과 함께 아이들을 데리고 학교도 가고 영화관도 구경시켜 주었다. 김천 시내의 영화관에 들어서는 순간 두 명의 검은 양복을 입은 순경은 권총까지 들이대며 남편을 연행해갔다.

이 후 일본에 돌아가서야 이복형제들이 남편을 간첩으로 신고했다는 사실을 알게 되었다. 남편이 경찰서 지하실에서 조사를 받는 동안 그들은 집까지 찾아와 그녀와 아이들을 감시했다. 그때 4살이었던 막내딸은 아직까지도 그때 순경이 휘둘렀던 날카로운 칼날을 잊지 못했다.

하루하고도 반나절동안 살아있는 지옥을 맛보았다. 다음 날 저녁 남편이 풀려나고, 가족들은 서둘러 비행기를 탔다. '비행기를 타고 자리에 앉기 전'까지 그들이 또 잡으러 올까봐 너무 무서웠다. 그때의 공포감은 지금도 생생하게 남아 있었다.

고향집에서 그 장면을 고스란히 지켜보았던 어머니는 아들에게 '두 번 다시는 한국에 오면 안 된다'고 못을 박았다. 무사히 집으로 돌아온 그녀는 며칠이 지나자 '부애가 나서' 김천 경찰서에 억울함을 호소하는 편지를 써서 보냈다. 그 일로 인하여 1976년 어머니가 돌아가실 때까지 그는 다시는 고향에 가지 못했다.

마스터메이커 제작자

'기소 후쿠시마'의 판자집에서 오래도록 생활고에 시달리던 그는 난생처음 바이올린을 팔기 위해 동경으로 갔다. 모양도 이상한 그의 바이올린은 하나도 팔리지 않았다. 우연히 어린이 바이올린 렛슨을 하고 있던 시노자키 선생을 만나 10개의 바이올린을 팔았다. 그는 당시 일본 바이올린계의 3대 거장 중의 한 명이었다.

그 후 시노자키 선생은 그에게 어린이용 바이올린 제작을 권유해 왔다. 이를 계기로 그는 동경으로 옮겨가서 본격적인 어린이 바이올린 제작에 나섰다. 이후 시노자키 선생은 그의 뜨거운 열정에 탄복하여 물심양면으로 그를 지원했다.

선생의 소개로 알게 된 애국가의 작곡가 안익태 선생도 일본을 방문할 때마다 그를 찾아왔다. 그의 바이올린을 가지고 세계 각국의 콩쿠르에 참가한 어린이들은 하나같이 놀랄만한 성적을 거두고 돌아왔다.

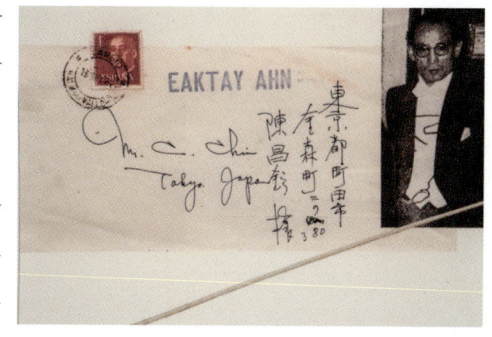

1976년 콩쿠르 5개 부문 금메달 석권부터 '전 세계 5명밖에 없는 무감사 마스터메이커 제작자' 중의 한 명으로 그의 명성은 날로 높아 갔다.

벌거지 소리가 나는 바이올린

남편의 머릿 속에는 '바이올린을 만드는 설계도'가 들어 있었다. 새벽 2~3시까지 작업을 하는 그의 곁에서 그녀는 '악기의 윤기를 내거나, 칠하지 않은 상태로 두들겨서 소리를 내는 일을' 도와주었다. 그녀는 감성세계의 전문가였다.

'세상에 없는 소리, 따뜻하고 부드럽고 투명하고 깊은 소리'를 내는 것이 그의 바이올린이었다. 그녀는 그 소리를 '벌거지 소리'라고 했다. '귀뚜라미, 매미, 방울벌레'와 같은 세상의 모든 벌레들이 뽑아내는 숨막히는 경이로운 소리였다.

요즘 그녀에게 생긴 작은 소망은 그가 생전에 악기 제작을 위해서 썼던 여러 가지 도구들을 '그를 기념할 수 있는 공간'에다 보존하는 것이다. 그곳은 반드시 한국이어야 한다. 청년 시절 '노력과 집념만으로 바이올린을 완성시킨' 그처럼 '그곳을 보고 바이올린을 만들고 싶어하는 사람'이 생긴다면 그들에게 꿈을 심어주고 싶은 것이다.

그리운 기소후쿠시마

우리 청춘의 꿈의 흔적들
아침저녁으로 바라보는 기소고마 (기소고마는 악기를 처음 배웠던 공방이 있는 산)
야사와강에 흐르는 개울물에 꿈을 본다
이 옥석 반짝이는 돌처럼 빛나는 날을 꿈꾼다

1958년 그가 '건설 폐자재를 모아 만든 최초의 바이올린'은 '기소고'라는 이름을 붙여 '시와 함께' 2011년 7월 남편의 추도식이 있었던 기소 후쿠시마에 기증했다.

木曽福島の丸太小屋で処女作のバイオリンと
1958(昭和33)年頃

なつかしきかな木曽福島
わが青春の夢の跡
朝な夕なに仰ぎし木曽駒
八沢川のせせらぎに夢を見る
玉石の輝く日を

陳昌鉉作詩
凡山芒小かく

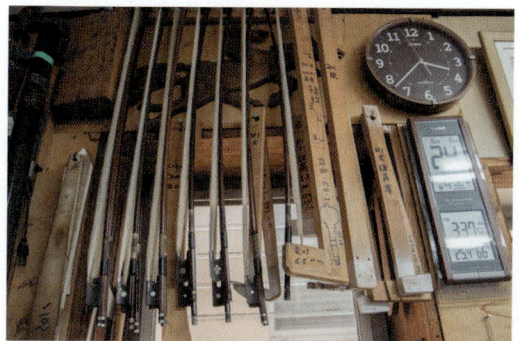

몸도 내고 시간도 내서 만드는 민단사회

남조남 (1944년생, 2세, 경북 안동시 일직면 조탑리, 도쿄도 오타구)
허경순 (아내, 1947년생, 2세, 경남 김해시, 도쿄도 오타구)

몇 번이나 반납된 후 다시 만난 가족

경북 안동 일직면이 고향인 그의 할아버지(1920년생)는 돈벌이를 위해 일찌감치 일본으로 건너왔다. 15살이 되던 해부터 낮에는 선반제조공장을 다니며 야간고등학교를 다녔다. 스무 살이 되는 해 고향에서 중매로 소개받은 할머니(1923년생)와 결혼했다. 그때 할머니는 18살이었다.

일본에서의 철장사가 제법 자리를 잡아 갈 무렵 해방을 맞았다. 할아버지는 자식들과 함께 귀국을 서둘렀다. 장남에게는 '기계도 팔고 나머지 살림도 정리해서 돈으로 바꿔서 가져오라'며 혼자 일본에 남겨두었다. 몇 달 뒤 기계만 먼저 왔다.

장남이었던 그의 아버지는 한국전쟁이 터지면서 8년 동안 가족들과 떨어져 살게 되었다. 간신히 편지만 오갈 수 있었다. 일본에서 혼자 남은 그의 아버지는 할아버지와 함께 일구었던 철장사와 더불어 1953년경 '베이크라이또(bakelite)' 생산공장을 차렸다. '베이크라이또'는 플라스틱의 전신으로 합성수지의 한 종류로 압력을 가해 금형을 이용해서 '밥솥 위의 뚜껑이나 텔레비젼의 채널' 같은 것들을 찍어 내는 것이다.

점차 사업 기반이 안정이 되어가자 아버지는 한국에 있는 가족들을 다시 불러들였다. 물론 밀항 밖에는 방법이 없었을 때였다. '1차로 너이(네명) 왔다가 반납이 되고 2차 때는 서이(세명)만 들어오고 누나는 반납되고' 말았다. 5형제는 그렇게 몇 차례에 걸쳐 밀선을 탔다. 결국 어머니와 누나는 10년이 지나서야 만날 수 있었다.

트렁크 속의 오바

깜깜한 밤을 틈타는 밀선은 '기름 냄새와 칠흙 같은 어둠'만으로 기억되었다. 숨 막히도록 작은 밀선에서 가족들은 10시간 동안 눈만 깜빡일 수 있었다.

"영도다리라고 합니까? 그것이 기억나고 또 밤중에 그 밀선이니까 쪼만한 배 안에 20명 정도 탔는가? 기름 냄샌 나고 까만한 그 불도 없는 안에서 열 시간 정

도 돼서 일본에 왔다고, 그 정돈 기억나요 그대로. 꼼짝 못하게 하니까 그래 기억이 나예."

시모노세키 야마구치현에 도착한 가족들은 삼촌이 데리러 올 때까지 허름한 부둣가의 민박집에 숨어서 기다려야만 했다. 며칠이 지나고 아버지는 배에서 내린 자식들이 입을 새 옷가지과 어머니가 입을 '오바'를 구해서 삼촌 손에 들려 보냈다. 어머니의 '오바'는 당시 도쿄에서 가장 유행하던 스타일이었다. 아버지는 가족들이 모두 모인 것을 기뻐하며 사진관에 가서 기념사진도 찍었다. 가족들은 모두 시모노세키 항구에서부터 입었던 그대로의 차림새였다. '홀수'로 찍는 사진이 안 좋다 하여 어머니는 기어이 '인형' 하나를 그의 손에 들려서 찍었다. 그때 그는 8살이었다.

연애보다 밥벌이

그는 도쿄에 있는 한국학교를 초·중·고등학교까지 다녔다. 그 인연으로 지금은 한국학교 이사를 맡고 있다. 그는 대학 때부터 아버지의 공장에서 아르바이트를 하면서 일을 했다. 1966년 그가 경제학부를 졸업하자마자 아버지는 그에게 주식회사를 만들어서 독립시켰다. 그의 나이 22살이었다. 3월에 졸업해서 7월에 공장을 가동시켰다.

'아침부터 밤에 잘 때까지 맨 일밖에 없었던' 그에게는 '연애보다 밥벌이하는 거'가 우선이었다. 공장을 맡은 지 1년 정도가 지나서 친척의 소개로 아내(허경순,1947년생)를 만났다. 아내의 집안 또한 같은 업종에 종사하고 있었다. 하루하루 눈 코 뜰 새 없이 바쁘게 지내고 있던 그는 중화요리집에서 '1시간도 채 안 되는 선'을 보고 그녀와 헤어졌다. 당시 어린 그녀에게 남동생 3명과 여동생 2명에 누나까지 있는 '형제 많은 장남'은 결혼 상대자로서는 낙제점이었다. 제대로 데이트 한 번 못해보고 1년 후 그들은 결혼했다. 막내 시동생이 초등학교 2학년과 3학년이었고, 시누이가 6학년, 중학교 3학년이었다. 시동생들은 그녀를 '누나'라고 불렀다.

"그래가지고 처음 그 굉장히 일이 바빴다고 그래서 친척 관계로서 소개 받고, 선본다고해도 한 시간 정도 밖에 서로 보지 않았지요. 그래서 몇 개월 됐는데 어떻게 하겠냐고 하기 때문에 그러라고 했습니다. 그리고 데이트도 한 번 밖에 아니 한 번도 못해봤나?"

기계 돌아가는 소리가 멈추면 눈이 떠진다

플라스틱 공장은 24시간 가동되었다. 1층에 공장이 있고 2층에 살림집이 있었다. 그는 자정이 넘어서야 겨우 잠이 들 수가 있었지만 1층의 기계 소리가 멈추면 저절로 눈이 떠졌다. 졸고 있는 직원들을 일일이 깨워가며 일을 했던 세월이 20년이었다. '집하고 같이 붙어있는 공장'에서 부부는 아들 셋을 다 키워냈다.

1973년도에는 한국의 인천 지역에 플라스틱 공장을 설립하여 '대우전자'의 라디오 케이스와 카세트 케이스를 생산했다. 당시 기술력이 부족한 한국에서 그에게 공장설립을 요청을 해왔다. 급기야 1976년 무렵에는 한국공장의 직원들이 1,000명이나 되었으며 한 달의 반은 한국의 현지 공장에서 일하고, 반은 일본에서 생활했다.

한국은 워낙 빠른 성장을 보였으며 그의 건강은 급격히 나빠졌다. 지금은 모두 처분하고 주식만 가지고 있는 상태이다. 3형제 중 셋째를 제외하고는 모두 한국인과 결혼했다. 그나마 '운이 있으면 동포와 결혼할 수 있다'는 것이다. 그의 아내는 한국며느리와 일본며느리 중 그래도 '일본사람이 대화하기가 수월하다'며

서툰 한국말을 탓했다.

"우리들은 한국 사람 그렇게 몰라요. 그치만 한국사람 보면 주장이 강한 나라라고 생각합니다. 개인적으로 일본사람들은 그 서로 주장보다 양보를 할 수 있는 인간성이고 한국사람은 양보 아니고 먼저 주장을 강력한 사람. 이것이 내 처음에 느끼는 것이고요. 또 일본사회에서 교포 봤을 때는 교포사람이 지금까지 우리들 1세 저희는 2세지요. 2세까지는 역시 옛날 풍습을 그냥 한국에서 있는 풍습을 가지고 있었다고요. 그렇지만 이제 3, 4세대니까 그냥 한국 풍속 잘 몰라요. 그러니까 또 민단사회라캐서 이제 젊은 사람들이 이제 안 들어온다는 말이죠. 자기가 희생 해야 되고, 보란티아 아닙니까, 민단은 자기가 몸을 내고 어느정도 그 돈도 내고 시간도 만들어야 됩니다."

"우리들이 자기 고향을 대하는 마음은 제일 강하죠. 그치만 요새 봤을 때마 한국사람들이 우리들하고 교섭하면 그렇게 아는 사람도 적게 되어버렸지 않습니까. 또 나라도 많이 바꾸어져 버렸고, 일본은 30년 50년 걸려서 성장했는데 한국은 갑자기 아닙니까. 사람들이 그 생각을 못 따라가는 거죠."

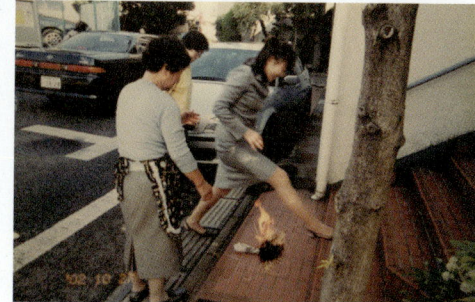

통명으로 다녔지만, 본명으로 살다

김진묵 (1953년생, 2세, 경북 문경시 산양면, 도쿄도 세타가야구)
엄선남 (어머니, 1931년생, 2세, 부산, 도쿄도 세타가야구)

5,000엔 들고 일본으로 온 아버지

그의 아버지(김인석, 1923년생)는 경북 문경이 고향이다. 아버지가 3살 때 할머니가 돌아가시고, 가난한 집에 새로 들어 온 '둘째 할머니' 또한 쪼들리는 살림살이로 고생이 심했다. 어린 시절부터 아버지는 천자문과 서예를 익혔으며 '공부에 게으름이라도 피우면' 할아버지의 불호령 같은 꾸지람을 듣곤 했다. 공부에 남다른 재주가 있었던 아버지는 '공부가 너무 하고 싶어서' 15살 무렵 '부잣집에 시집 간 고모'가 마련해 준 5,000엔을 들고 일본으로 건너왔다. 어린 나이에도 불구하고 아버지는 '숯공장'에 다니면서 공부를 계속했다. 한 달에 5엔 정도 받은 월급으로 생활비도 하고 책도 샀다. 혼자 힘으로 명치대 야간대학까지 졸업한 아버지가 처음 일한 곳은 부품을 만드는 '소림제작소'였다. 초기에는 '도시바'와 같은 대기업으로부터 하청을 받아 부품을 만들기 시작했다.

미리 새겨 둔 비석이름

21살의 어머니와 결혼한 아버지는 결혼식만 올린 채 약 반년 정도 '센다이'라는 시골에서 따로 떨어져 지낸 적이 있었다. 아내에 대해서는 한없이 너그러웠던 아버지는 거의 매일같이 정성들여 편지를 보냈다. 소소한 일상의 안부를 전하며 떨어져 있는 어머니의 마음을 따뜻하게 어루만져 주었다.

그의 아버지는 평소의 유언대로 그리운 고국의 고향땅에 묻혔다. 장남인 그는 꽃상여를 앞세운 전통 장례를 치루면서 영상기록까지 해 두었다. 3년이나 지났지만 어머니는 아직도 아침마다 꽃을 올리고 향을 피우고 있었다. '50년이나 된 편지'를 머리맡에 놔두고 읽고 또 읽었다. 아버지가 '멀고도 먼' 고향 문경에 묻히길 반대했던 어머니였지만 아버지의 비석에 어머니의 이름까지도 새겨 넣고 돌아왔다. 어머니의 방안은 항상 '입생로랑 향수'가 뿌려지고 있었고, 옷장 가득 아버지의 넥타이며 양복이 그대로 걸려있었다. 남편을 추억하는 그녀만의 방식이었다.

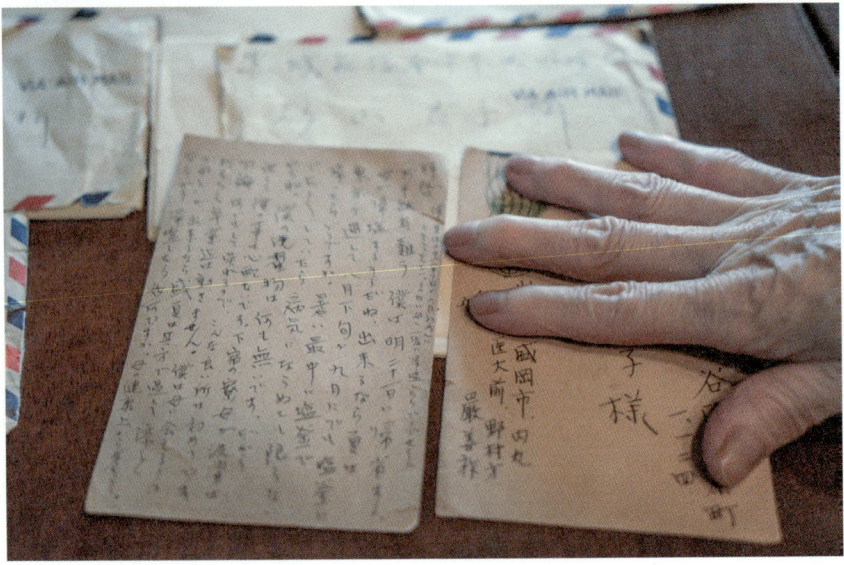

김씨 4형제

그는 4형제 중 맏이로 현재 이케부쿠로 택시회사를 경영하고 있다. 둘째와 넷째가 함께 요코하마에서 택시 회사를 경영하고 있으며 셋째는 건물 임대업을 하고 있다. 아버지는 4형제에 대한 애정이 남달랐다. 늘 '겸손'을 미덕이라고 가르쳤으며 실제 일본사회에서도 존경받는 한국인으로 손꼽히고 있었다. 아버지는 매우 소탈하면서도 가족의 소중함 또한 강조했던 사람이었다. '일본인들과 한국인들이 대등한 관계를 형성하기 위해서는 충실한 가정교육이 가장 중요하다'고 생각한 아버지는 가정교육만큼은 엄격했다. 또한 일본학교에 다니는 자식들에게 '본명'을 그대로 쓰게 함으로써 '정당하게' 일본인들과 맞서게 했다.

"아버지도 한국인이었고 저도 한국인인데, 한국 사람이 일본 사회에 적응하기 위해서는, 일본사람들의 한국인에 대한 차별을 견뎌나가야 하는데 그렇게 하기 위해서는, 일본사람들과 대등한 관계를 형성하기 위해서는 충실한 가정교육을 제대로 시켜야 된다는 의미에서 부모님들이 교육을 굉장히 엄하게 시키셨던 것 같구요, 저희들이 어렸을 때 부모님께 거짓말을 하거나 감추거나 해서 혼이 많이 났던 것 같습니다. 제가 그 중에서 기억에 남는 건요. 일반적으로 그 때 당시에 일본학교에 재일교포들이 학교를 다녔을 때는 통명을 일본이름으로 많이 학교를 다니게 했었는데 저희 아버님은 저를 어렸을 때부터 본명을 사용하게 했습니다. 그 이유는 어렸을 때부터 어차피 정당하게 일본에 와서 생활을 하고 있기 때문에 한국이름을 감출 필요가 없다고 해서 본명으로 그대로 사용을 하긴 했는데, 일본학생들 입장에서 보면 일본 사람이름을 다 쓰는데 한국사람 이름 김씨가 있으니까, 어떤 문화적 이질감을 느꼈을 것이라고 생각을 하는데 아버지가 본명을 끝까지 사용하게 했던 것은 지금 와서 생각해보면 자긍심도 조금 느끼고 있습니다."

1965년, 시골 같은 서울

1965년 그가 중학교 1학년 때 처음 한국을 방문했다. 당시 고층빌딩이 들어 서 있었던 도쿄와는 달리 서울은 '시골 같은 느낌'이었다. 그가 대학에 들어가 처음 가 본 문경의 산양면은 전기도 아직 다 들어오지 않은 골짜기였다. 시제 때마다 아버지와 함께 2~3일에 걸쳐 '묘소를 돌아다니며 음식을 다 늘어놓고 절하는 것'이 너무 힘들었다. 꽃만 들고 가서 간단한 절을 하는 일본의 풍습과 너무 달라서 '왜 이렇게 힘든 일을 하는지' 이해할 수 없었다. 그는 '지금까지도 열 군데를 사흘정도 걸려서 하고 있지만' 그때와는 마음가짐이 달라서인지 편하게 느끼고 있었다.

"아버지가 한국에 대한 생각이 굉장히 강하셨고, 장남이니까 선조들이 묻혀 있는 산소에 본인도 꼭 거기에 묻혀야 한다고. 제가 어렸을 때 여러 번 강조해서 말씀 하신 적이 있습니다. 일본에 묻혀야한다고 생각하신 적도 없고요. 당연히 문경에 묻히는 걸로 됐고요."

일본학교 대표선수 '한국인 김진묵'

그가 고등학교 시절 축구대표선수로 출전했을 때였다. '조선학교'와의 경기가 있던 날, '남한팀' '북한팀' 그리고 '일본학교팀'으로 나뉘졌다. 일본학교의 선수로 그가 출전한 것이다. 유니폼에 한국이름을 붙인 그에게 친구들은 '일본이름'을 권했다. 그는 거침없이 '김진묵'이라는 본명으로 출전했으며 경기는 정정당당하게 치뤄졌다. 학창시절 주위의 친구들 또한 그를 당연히 한국인이라고 인식하고 있었다. 그 역시 '한국인의 피'를 한일 축구경기 때 마다 실감하곤 했다.

"한 가지 재밌는 기억이 있는데요, 제가 고등학교 때 '조선고등학교' 굉장히 강한 팀이었는데 그 학교하고 축구를 할 기회가 있었는데, 그 때 당시 남한하고 북한하고 나뉘어져있으니까 좋은 느낌은 아니었는데, 주위의 일본친구들이 제가 본명을 사용하니까 오히려 그것을 걱정해줘서 일본이름으로 가서 시합을 하는 게 좋지 않겠냐고 걱정해주는 일화가 있습니다. 결국 본명으로 나갔습니다. 실제로 조선고등학교 시합을 해봤더니 걱정했던 것은 전혀 무의미했구요. 처음에 했던 불안해하고 걱정했던 것도 전혀 필요가 없었습니다."

모자의 수준급 한국어

1980년 그는 27살에 결혼했다. 아내(조일순,1955년생)는 중학교 3학년 때 가족들과 함께 일본으로 건너 온 '명문집안 출신의 사모님'이었다. 이미 일본 기업계에서도 잘 알려져 있는 명문가로 비교적 늦은 나이에 일본으로 온 아내는 한국 음식과 한국 풍습에 누구보다도 익숙했다.

그의 큰 아들은 일본에서 대학을 졸업한 후 3년 동안 일본회사를 다녔다. 그러다가 갑자기 한국어를 배우겠다며 연세대 한국어학당에 입학했다. 처음에는 1년 계획으로 갔으나 3년이나 머물렀다. 공부도 하면서 아르바이트를 하며 한국어 실력을 키웠다. 지금은 한국에 대한 생각도 많이 바뀌었고, '한국에서 살아도 될 정도'로 한국을 즐길 줄 안다. 현재는 그의 택시회사에서 일을 하고 있다.

둘째아들은 '마이니치 신문사'의 기자로 일하고 있다. '가나자와' 지역에서 근무하고 있으며 기사 작성자의 이름 등을 써넣는 바이라인(by-line)에도 반드시 '김지산'이라는 본명을 쓰고 있다.

'중매쟁이가 없는 요즘'은 한국인과의 결혼이 쉽지 않다. '장남은 반드시 한국 사람과 결혼해야 된다' 는 그의 바람 때문에 아들 둘은 아직 미혼이다.

가족들 중에서 가장 한국어를 잘하는 아내는 요즘 큰 아들과의 대화를 한국어로 나누고 있다. 그도 연세어학당에서 한국어를 1년 동안 배웠지만 전혀 '써먹질 못하고' 있다. 두 사람의 대화는 거의 '한국인 수준'이라 그는 엄두를 못 내고 있는 것이다.

명함의 힘

60년 전 초창기 경영상태가 부실했던 지인의 회사에서 그의 아버지에게 도와줄 것을 요청해 왔다. 10대 남짓으로 운행을 시작한 '이케부쿠로 택시'는 아버지의 신뢰를 바탕으로 빠르게 성장하게 되었고 이를 인수하기까지 이르렀다. 현재 이케부쿠로 택시는 운행차량이 109대이며 연 매출액은 16억 엔 정도로 직원 수는 약 300명 정도 이다.

제법 큰 사업체를 경영하면서도 귀화를 하지 않는 것이 궁금한 사람들은 매번 질문을 하기도 했다. 그는 '귀화할 생각도 없지만, 귀화를 하지 않아도 생활하는 데 전혀 문제가 없는 것'도 그 이유 중에 하나였다.

사업상 첫 대면에서 주고받는 명함에 그는 한국이름인 '본명'을 새겨 넣었다. 대화를 계속 해가다 보면 처음 명함을 줄때와는 달리 '신뢰를 바탕'으로 하는 관계가 만들어지는 것이 느껴진다.

경영에 있어 가장 큰 힘은 '신뢰'이다. 그의 아버지 또한 무엇보다도 신뢰관계를 중요시 했다. 특히 오랜 시간 동안 다른 사람들의 고민과 기쁨을 함께 공유하면서 그들의 마음을 얻은 것이 가장 큰 재산이 되었다. 그는 다른 친구들과 달리 취업 걱정 없이 아버지의 사업을 고스란히 물려받았지만, '재일한국인'이라는 이유로 취업의 기회까지 얻지 못하는 많은 젊은이들의 문제는 앞으로 해결해 나가야 할 과제라고 생각했다.

"한국 사람이고 일본에서 사업을 하면서 사람을 처음 만나면 명함교환을 하게 되는데, 저는 통명이 아니라 본명을 쓰니까, 명함을 보면 바로 한국사람인 것을 알게 됩니다. 명함에 한국이름으로 되어있지만, 국적은 다른 상태에서, 국적이 다른 명함으로 되어있지만, 일본사람하고 이야기하다보면 일본사람하고 거의 차이 없는 똑같은 감각을 가지고 있기 때문에 이야기하다보면 공통점도 많이 있고 이야기하면서 일본사람하고 거의 차이가 없으니까 서로 좋은 점을 찾아내서 좋은 일을 하면서 신뢰관계를 찾아내고 있습니다."

지바현

―
비밀조직단 십일회
―

가네(金), 쇠금 변 들어가는 게 경기가 좋았지 | 이석노

80년째 살고 있는 도시, 사쿠라시 | 조금 깡패매로 돌아댕긴 형 | 하루아침에 전파가 빨랐던 조선인
가네(金), 쇠금변이 들어가는 게 경기가 좋았지 | 빌려입은 소매 짤록한 결혼예복
애기장난감 같았던 파친코 기계 | 금동가리 챙겨서 귀국한 할아버지 | 고향사람이 그리워서 만든 경북도민회

천추(千秋)전기, 천 개의 가을을 밝히다 | 김풍성

사람 잡으러 온 북쪽 | 처음 본 만 엔짜리 지폐 | 천추(千秋)전기, 천 개의 가을을 밝히다
여보집이 능금팔고 있었어 | 대구, 아오모리의 달뜬 밤 | 곰 잡으러 다닌 북극

―
'가타가타' 아버지가 만든 길 | 정동일

통역관 출신 외할아버지 | 직접 지어올린 4층짜리 건물
군인출신의 늙은 사감선생 | 이래도 저래도 욕먹는 '일본에서 온 교포들' | 구구절절 죽장면 공덕비
'가타가타' 아버지가 만든 길 | 프로그래머의 꿈 | 부끄러운 한국어 인터뷰

비밀조직단 십일회*

그들은 먼 나라를 들고 온 풍운아 같았다
마법의 초록색 구두와
포마드로 발라넘긴 은발의 머리칼
북극의 사냥총을 가진 그들의 슬픔은
더 이상 사나워지지 않았다

움푹 파인 눈, 각진 턱, 검게 그을린 피부
천형 같은 가계(家系)의 역사가
그대로 드러난 얼굴이었다

달이 차오르는 10일마다
그들은 만났다
만날 때마다 밥을 먹고 술을 먹었다
만날 때마다 기도처럼 주문을 외웠다

다음 생(生)은
나고 자란 내 어머니의 땅과
죽어서 내가 묻혀야 할 땅이
반드시 일치하기를,
다음 생(生)은
내 말과 내 이름이 온전히 내 것이기를

아슬아슬했던
이번 생(生), 그들은 그렇게 만났다.

* 십일회 : 지바에 사는 동포들이 만든 친목을 위한 소모임

가네(金), 쇠금 변 들어가는 게 경기가 좋았지

이석노 (1930년생, 2세, 경북 경산시 압량면 가일리, 지바현 사쿠라시)

80년째 살고 있는 도시, 사쿠라시

그의 아버지는 경상북도 경산군 압량면 가일동이 고향이다. 부모님은 그가 태어나기 2년 전인 1928년경 형을 업고 일본으로 들어왔다. 아버지는 그 당시 일본 동북지방의 무라야마댐 토목공사에 동원되었었고, '자궁 외 임신'으로 인해 어머니는 그가 태어나고 1년 후 돌아가셨다. 그가 5살 때 지바현 사쿠라시에 자리를 잡은 후 계속 토목 일을 하던 아버지는 '대동아 전쟁'이 일어나면서 '재이고 밥 먹이고 일 시키던' 함바집을 시작했다.

1931년 만주사변을 시작으로 대륙침략의 야욕을 드러낸 일본은 10년이 넘도록 '전장시대'가 이어졌다. 지바현은 '옛날 사무라이시대에 가장 큰 장군이 살았다'는 매우 보수적인 동네로 소문이 나있다. 그는 현재까지도 '지바현 사쿠라시'에 살고 있었다.

조금 깡패매로 돌아댕긴 형

두 살이나 늦게 호적에 올려 진 형은 학교 들어갈 때부터 '몸도 크고 힘도 세서' 항상 눈에 띄었다. '조센진'이라고 놀리는 아이들은 없었지만 '그 반대도 있었다'. 당연히 싸움에서도 절대 지지 않았던 형은 항상 '오야붕'이었다. 젊은 담임선생은 '형님이 그런 모양이니까' 늘 '이노무 새끼'라고 부르면서 트집을 잡고 미워했다.

6학년 형이 졸업하고 나니 형을 담당했던 선생이 또 그의 담임선생을 맡게 되었다. '그 놈 동생'이라고 그 또한 아무 이유 없이 미움을 받았다. 사범학교를 갓 졸업한 젊은 일본 선생은 '조선인'을 대놓고 차별했다.

"조금 여기도 애기야. 선생 아니고 애기라고."

1945년 해방이 되고 스무 살이 된 형은 '도둑질은 안했지만' '조금 깡패매로' 돌아다녔다. 마땅한 일자리조차 구할 수 없었던 조선 청년들은 밥벌이조차 힘든 곤고한 처지였다.

"우리 형님은 그냥 그때는 도둑질은 안했지만도 여러 가지 힘대로 돌아댕깄죠."

하루아침에 전파가 빨랐던 조선인

일본으로 건너 와서 먹고 살 궁리를 하던 '조선사람들'은 '누가 막걸리 맨들었다. 소주 맨들었다. 뭐가 잘 팔린다' 하면 누구 할 것 없이 만드는 법을 재빨리 배워서 들고 나왔다. 먹고 사는 것에 관한 한 무엇이든지 '하루아침에 전파가 빨랐다'. '어떻게든 살아보려는 사람들'은 같은 처지의 조선인들에게 다행히 야박하게 굴지 않았다.

"그때는 니한테는 안 갈키준다 그런 게 없었어, 너도 해라, 이것도 해라 하면서 다했어요."

세월이 흘러 그가 우연히 한국의 안동을 방문해서 전통방식으로 소주를 만드는 방법을 볼 기회가 있었다. '소줏고리와 같이 옹기위에 얹은 옹기'의 방식은 그때 그가 형과 함께 야미시장에서 구해 온 쌀로 소주를 만들던 방법과 거의 흡사했다.

"지금 생각해보니까 그 소주 맨드는 거도, 내가 한 이삼십년 되가지고 한국에 이렇게 왕래로 해보니까 안동소주라고 있지요. 우리 안동소주 맨드는 공장 한 번 데리고 간다해서 갔어요. 가니까 깜짝 놀랐어요. 우리들 맨드는 소주, 그거로 누가 알고 있었는지 그 누가 한사람 맨들었어. 그 야미시장(암시장)에 가서 쌀 구해가지고 소주를 만들어서 마이 팔았지. 뭐 일본에서 그거밖에 돈벌이가 없었어요."

가네(金), 쇠금변이 들어가는 게 경기가 좋았지

　해방 전까지 새어머니는 암시장에서 쌀을 사다가 함바집에서 막걸리를 만들었다. '파는 목적이 아니고 일꾼들을 먹이기 위해서'였다. 형은 아버지와 함께 노가다 일을 다녔으며 그는 학교엘 다녔다. 학교를 다니면서도 일은 쉬지 않았다. 마을의 구석구석을 다니며 고철을 수집하는 '스끄라푸'일은 당시 조선인들이 가장 많이 했던 일이었다. 5년제 중학교를 마치고 대학까지 가기 위해 돈을 모았다.

　당시에는 '돈만 있으면 갈 수 있었던 대학'이었고, 일본인 친구들 또한 대학 입학을 자연스럽게 여겼다.

　1950년 이후 일본은 자동차와 전자제품과 같은 제조업의 성장을 바탕으로 1970년대 초반까지 철강수요가 폭발적으로 증가했다. 그로 인해 '쇠금변이 붙은 거, 철과 동'은 쇠값이 어마어마하게 오르는 바람에 많은 돈이 되었다.

빌려입은 소매 짤록한 결혼예복

호세대학교의 신설된 공과대학에 입학했으나 알파벳만 겨우 알고 들어 간 그에게 '영어를 주로 쓰는 전공수업'은 쉽지 않았다.

1952년 졸업과 동시에 고모의 중매로 재일동포 2세인 아내(이민자,1933년생)를 만나 결혼했다. '특별한 미인은 아니었지만 불쾌한 얼굴은 아니었던 아내'의 첫 만남에서 그는 '밥도 잘 해 주고 같이 잘 살겠다'라는 느낌이 가장 컸다. 결혼식 당일 예식장에서 빌려 입은 양복은 '소매가 짤록해서' 내내 찜찜한 기분이 가시질 않았다. 그 날 찍은 결혼사진은 일부러 찾지도 않았다.

애기장난감 같았던 파친코 기계

결혼 후 그는 경기가 점점 나빠진 '철 사업'을 접고 '파친코' 사업을 시작했다. 그는 '사쿠라시'에서 15대의 기계를 들여 가장 먼저 시작했다. 초기 파친코 기계는 '애기 장난감'에 가까웠다. '2~3개 씩 나오는 것'이 점점 '발달'이 되어서 '기관총처럼 탕탕탕탕 빨리 치는 것'으로 까지 바뀌게 되었다. 1대 4,000엔으로 샀던 기계가 요즘은 40만 엔 정도까지 되었다. 처음 문을 연 그의 '파친코' 가게를 보고 주변의 재일동포들도 하나둘씩 가게를 시작했다.

당시 '파친코 사업'은 일본인이 하는 일이 아니라고 생각하는 분위기가 전반적이었다. 1972년 무렵 동포들의 '파친코' 사업이 우후죽순으로 생겨났다. 그러나 성공해서 마지막까지 남은 곳은 그의 사업장 뿐이었다.

"자기들이 그때는 그런 무드가 안 있어요. 일본사람 하는 일이라고 생각을 안 했어요."

차츰 사업장의 규모도 커지고 주차장도 필요하게 되었다. 시내에서 '제일 크게 했는 건 150대' 정도였으며, '마이카 시대'에 들어서자 주차장을 마련한 동경 외곽에서는 '제한 최대수량인 300대'까지 규모가 커지기도 했다. 이후 20년 정도 했던 '파친코' 사업을 접었다. 때마침 형은 '요미우리 신문 판매점 권리'를 사서 새롭게 사업을 시작했다.

금똥가리 챙겨서 귀국한 할아버지

그의 할아버지는 머나먼 일본의 '사쿠라시'에서 한국식 농사를 지었다. '온돌방'에다 쟁기질, 써레질하는 소까지 먹여가며 큰 농사를 지었다. '전장시대'라 도시 사람들은 부족한 쌀이나 땅콩을 사러 동경에서부터 찾아왔다. 그때 할아버지는 제법 많은 돈을 벌었다.

해방이 되자마자 '고향으로 돌아가야겠다'며 그의 할아버지는 '금똥가리를 챙겨서' 할머니와 함께 서둘러 귀국선을 탔다. 끝없이 이어지는 행렬 속에 묻혀 부산 항구에 내리자마자 할아버지의 짐 보따리는 다 빼앗기고 말았다. 당시의 흔한 풍경이었다.

"해방되가지고 어째서 그런 맘을 먹었는지 모르지만, 돌아가신다꼬, 금동가리나 뭐 그런거 이정도 가지가면은 실컷 잘 살겠다하는 물건 많이 보따리 싸고 할머니하고 같이 다 갔는데 그 형편없이 돌아가셨어요. 배에서 내리자 마자 부산에서 다 빼끼써요."

1973년 그는 일흔의 아버지와 함께 처음 고향을 찾았다. 수소문하여 울산에서 살고 있는 작은 할아버지도 찾고, 그와 동갑이었던 고모도 찾아냈다. 이 후 아버지는 1년에 한 번씩 한국에 드나들었다. '이 옷 저 옷 한 달 동안 보따리를 싸서' 가져다 주는 것이 아버지의 낙이었다. 일흔의 아버지는 한국에 있는 할아버지의 형제들을 찾아서 뭐든지 싸서 갖다 주기에 바빴다.

고향사람이 그리워서 만든 경북도민회

그는 32년 전 '경북도민회 지바지회'를 만들었다. '고향 사람 찾는 것'을 좋아했던 아버지를 닮은 그는 지바현에 살고 있다는 경상북도 사람은 모두 찾아 다녔다. '경북사람들은 어른도 그렇고 다 양반'이라 '그렇게 좋을 수가' 없었다.

"그거는 맨들적에는 내가 젤 쫄뱅이요."

그는 신용협동조합 부이사장으로 20년간 일하면서 '일본은행에서 상대를 안 해주는' 재일조선인들의 사업자금을 대주는 등 동포들에게 많은 도움을 주었다. 그가 신용협동조합 부이사장으로 일하게 되면서 가게는 아들들에게 넘겨주었다.

현재 두 아들은 야끼니꾸집과 스시집을 운영하고 있다. 농구를 했던 둘째아들은 일본의 중앙대학교를 졸업했다. 반드시 '한국인 여자와 결혼해야 된다'며 타일렀던 둘째아들의 연애는 번번이 실패로 돌아가고, 돌연히 독일로 떠나 3년간 돌아오지 않았다. 독일의 일본식 요리집에서 일을 하고 돌아 온 아들은 지금까지 독신으로 살고 있다.

천추(千秋)전기, 천 개의 가을을 밝히다

김풍성 (1944년생, 2세, 경북 영천시, 지바현 지바시 미도리구)

사람 잡으러 온 북쪽

영천이 고향인 그의 아버지(김춘복,1914년생)는 일본 야마구치현에서 그가 소학교 들어갈 때까지 숯을 구워서 팔았다. 1953년 무렵 '숯 구워서 조금 모은 돈'으로 논을 좀 샀지만 '동포 보증을 잘못 서는 바람에' 다 빼앗겨버렸다. 망연자실하던 아버지는 '아키타현'까지 그를 잡으러 쫓아갔다. 혼자서 자식들과 집을 지키고 있던 어머니도 아버지를 뒤쫓아서 북쪽의 '아키타현'까지 5남매를 데리고 갔다.

죽을힘을 다해 그를 잡긴 잡았지만 돈은 이미 한 푼도 가지고 있지 않았다. 그나마 농사지을 땅도 없어진 아버지는 '아키타현'에 자리를 잡고 '스끄라푸' 일을 시작했다. 어머니(박세방,1921년생)는 5남매를 돌보면서 '막걸리'를 만들어 팔았다.

"나는 막걸리해가지고 중학교 나갔지요."

처음 본 만 엔짜리 지폐

그는 아키타현에서 중학교를 졸업하고 바로 전기회사에 취직을 했다. 17살이었다. 아버지는 조선에서처럼 장남이 취직을 하게 되었으니 일을 그만두었다. 아들이 부모를 봉양하는 것이 당연했던 '조선시대'적 사고였다. 그 역시 묵묵히 장남으로서의 짐을 졌다.

2년 동안 열심히 일했지만 돈은 좀처럼 모이질 않았다. 19살이 된 그는 혼자 동경으로 나와 전기회사에 다시 취직을 했다. 전기기사 자격증도 따고 실력도 점차 늘어갔다. 시골에서 4천 엔, 5천 엔 받았던 월급이 동경에서는 4만 엔이었다. 물론 '잔업과 상여금'을 포함해서였지만 엄청난 액수의 차이었다. '돈이 너무 커가지고 깜짝 놀라기까지 했다'는 그는 그때껏 시골에서는 한 번도 보지 못한 만 엔짜리 지폐를 처음 보았다. 비록 다른 일반 직장인들이 받는 수준보다는 못했지만 시골에서 받았던 월급보다는 훨씬 많았다. 그럼에도 불구하고 부모님을 봉양하고 동생들의 학비를 대기에는 턱없이 부족했다.

천추(千秋)전기, 천 개의 가을을 밝히다

　5년 정도 동경의 전기회사에서 착실하게 경험을 쌓아가던 그는 1968년 독립하여 회사를 차렸다. 그때 나이 24살이었다. 6살 아래의 둘째동생이 중학교를 졸업하고 동경으로 나왔다. 함께 회사를 꾸려갔지만 '아는 사람도 없어 일도 따기 힘들었다.' 물론 재일조선인이 일을 하는 회사라며 차별도 적잖았다. '한가할 때는 일을 안주고 바쁠 때만 일을 주는' 애매모호한 친절함이 가장 흔한 차별이었다.
　그때마다 그는 우직하게 일을 해치워나갔다. 그렇게 열심히 일하고 신용을 쌓아갔다. 일본 사회에서는 무엇보다도 신용이 가장 중요했다. 고용한 기술자들에게는 다른 회사보다 더 많은 월급을 주었다. 초창기 동생들과 함께 일을 했지만 차츰 '좋은 월급'을 찾아서 모여든 일본인 직원들이 더 많아졌다. '천추전기'의 '천추'를 발음하면 '센슈'라고도 읽고 '치아키'라고도 읽는다. '지바'의 '치'와 '아키타'의 '아키'를 따서 '치아키'의 의미도 가진다.

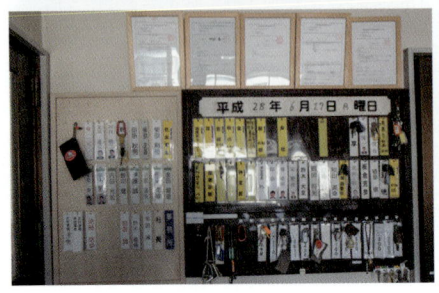

여보집이 능금팔고 있었어

24살이 되던 해 그는 잠시 아키타의 공사현장을 맡은 적이 있었다. 공사현장이 있던 동네 과일가게에서 그의 아내를 처음 만났다. 그녀는 '능금 파는 집 처자'였다. 공사하는 2주일 동안 그는 날마다 과일가게에 들러 바나나를 사갔다. 일하는 모습을 눈여겨 보았던 그녀 또한 그의 관심이 싫지 않았다. 공사를 다 마칠 무렵 그는 그녀에게 찻집에 가자며 데이트를 청했다. 그렇게 1년 동안을 사귀고 두 사람은 결혼했다.

일본인인 그녀는 '젊은이들을 데리고 다니며 일하는 그'가 일본인인지 한국인인지 알 수 없었다. 일에 대한 열정을 가진 그가 무척 멋있었으며, 그녀의 부모 또한 그가 재일조선인이라는 사실을 별로 문제 삼지 않았다.

"처음에는 일본인인지 한국인인지 전혀 몰랐어요. 우리집에 아버지가 뭐 조선사람은 관계 없다고. 둘이가 좋으면 좋다고 했어요."

대구, 아오모리의 달뜬 밤

한국이 너무 좋아서 결혼 10년 만에 한국인으로 귀화한 그녀는 제대로 '한국 며느리'로 살고 있었다. 장남에게 시집 온 첫날부터 그녀는 부모님을 모시고 형제들과 함께 대가족을 이루고 살았다.

그녀는 한국 시어머니가 만든 한국음식은 뭐든지 다 잘 먹었다. 매운 음식이나 나물도 그녀에게는 아주 맛있는 한국의 음식이었다.

텃밭에서 가꾼 배추로 겨울마다 김장을 직접 담그던 시어머니 덕분에 지금도 그녀는 직접 김치를 담근다. 집안의 모든 친척들이 장남인 그를 '챙기고 존중하는' 한국의 풍습이 그녀는 매우 좋았다. 한국에 갈 때마다 그녀가 들르는 곳은 작은 아버지가 살고 있는 대구였다.

대구는 그녀가 살았던 아오모리의 어느 달뜬 밤과 같은 냄새를 가진 곳이었다.

그녀는 대구 시내를 돌아다니며 7명의 손주 선물을 사오는 것이 새로운 즐거움이었다. 남편의 국적을 따라 한국으로 귀화한 그녀는 일본이름 '미우라 후미코'의 한국식 발음을 그대로 옮겨 '삼포 부미자'라는 이름을 만들었다. 다른 일본인들은 가질 수 없는 '예명'같은 것이라며, 그녀는 한국인 남편을 자랑스러워했다. '연예인이 된 것 같은 기분'이라며 그녀는 여고생처럼 수줍게 웃었다.

"음식은 저는 한국음식은 뭐든지 좋아해서 특히 그 어머니가 만든 한국음식은 다 맛있었습니다. 그래서 저도 어머니가 만든 음식을 흉내를 내서 만들어서 지금 남편한테 이렇게 해서 드리고 있는데요. 옛날에는 뭐 특별히 뭐 좋은 음식은 아니었지만 한국에서 흔히 먹는 뭐 나물이나 매운거 특히 매운게 없으면 밥을 못 먹죠. 그때 당시에 김장을 했었는데요. 매년 11월 12월이 되면 어머니가 김장을 했었어요. 날씨가 추운데 배추 씻고 하는데 힘들잖아요. 좀 힘들었어요."

곰 잡으러 다닌 북극

그의 집 바깥채에는 그가 지금까지 사냥해 온 짐승들을 박제해서 보관하고 있었다. 그가 동경의 전기회사에 다닐 때 회사 사장에게 처음 사냥하는 법을 배우게 되었다. 회사를 독립하고 본격적으로 사냥을 하게 되었다. 멀리 러시아와 캐나다까지 가서 곰을 사냥해 오기도 했다. 돌이켜보면 오래전 그의 아버지는 '사람을 잡으러' 북쪽까지 쫓아왔지만 그는 '곰을 잡으러' 북극을 헤매고 다닌 것이다.

딸만 셋을 둔 그는 현재 한국인 큰 사위가 회사를 맡아서 운영하고 있다. 둘째 딸 또한 한국인과 결혼시키기 위해 한국의 연세대학교로 유학을 보냈다. 둘째 딸은 4년 동안의 공부를 마치고 한국에서 돌아와 일본 남자와 결혼해 버렸다. 그는 뒤통수를 제대로 맞은 셈이다. 막내딸은 지바 경상북도 도민회의 박회장의 장남과 결혼했다. 막내딸네 손자는 두 할아버지의 품을 오가면서 귀여움을 독차지하고 있다.

'가타가타' 아버지가 만든 길

정동일 (1956년생, 2세, 경북 포항시 북구 죽장면 상사리, 지바현 지바시 주오구)
송영자 (어머니, 1932년생, 2세, 경북 김천시, 지바현 지바시 미도리구)

통역관 출신 외할아버지

중국어와 일본어 그리고 한국어까지 능통했던 그의 외할아버지는 식민지 시대 일본에 거주하면서 '남만주 철도 주식회사'에서 통역일을 했다.

1906년 중국 동북에 설치된 '남만주 철도 주식회사'는 비록 대외적으로는 민영기업이었지만 실제로는 일본이 중국에 대한 경제 침략을 감행하는 중요한 도구로써 1944년까지 '만주철도'에 소속한 직원 수는 50만 명에 달했다.

1945년 전쟁이 끝나고 외할아버지는 목숨을 걸고 만주에서 부산까지 내려와 세 번이나 밀항을 시도했으나 일본으로 돌아오지 못했다.

이후 원폭으로 인해 가족들이 모두 죽었다는 소문을 전해 듣고서 3년이라는 긴 시간을 쓸쓸히 혼자서 떠돌아야만 했다. 다행히 외할아버지가 마지막 희망을 걸고 보낸 편지를 어쩌어찌 확인하게 된 가족들은 3년 만에 재회할 수 있었다. 그의 어머니가 외할아버지를 다시 만난 건 1963년 도쿄올림픽 때였다.

직접 지어올린 4층짜리 건물

경북 영일군 죽장면이 고향인 그의 아버지(정연수, 1927년생)는 20살 때 공부를 하기 위해 집안 형님을 찾아 일본으로 밀항했다. 아버지는 '리츠메이칸 전문대학'을 졸업한 뒤 집안 형님을 도와 토목일을 함께 했다. 이 후 교토지역에서 도쿄로 올라올 무렵 파친코 기계 영업일을 하게 되었다. 우연히 들어 간 파친코 가게에서 만난 젊은 부부는 '착하고 성실했던' 그의 아버지에게 큰 호감을 가지고 잘 해주었다.

젊은 재일동포 부부는 6살이나 어렸던 여동생을 그에게 소개시켜 주었다.

당시 결혼에 대한 생각이 전혀 없었던 어머니는 그때의 아버지에 대해 '남자답지 않은 교토 사투리'만 기억하고 있었다. 그 이후 몇 번의 만남을 가질수록 아버지는 주위의 부러움을 살 정도로 매력적인 사람이었다.

때마침 '한국에 처자식을 두고 온 유부남'이 총각행세를 하며 동포 처녀들과 결혼한다는 소문이 떠돌고 있었다. 그의 이모는 아버지의 고향집까지 수소문하여 편지를 띄워 확인했다. 아버지는 이모가 너무도 탐내던 '멋진 신랑감'이었다.

그렇게 2년을 연애하고 결혼했다.

결혼 후 어머니는 이바라키현 츠치우라에서 빠친코 사업을 했던 언니부부와 함께 일했다. 몇 년 동안의 경험이 쌓이자 아버지는 지바로 옮겨와 일본인 동업자 2명과 함께 빠친코 사업을 시작했다. 1985년 무렵 아버지는 트럭을 빌려서 이곳 저곳을 다니며 직접 건축 재료와 목재를 구해다가 지금의 수화상사(秀和商事)가 있는 4층 건물을 지어 올렸다.

그렇게 시작한 파친코 사업은 성황을 이루었지만 개인 빚으로 더 이상 동업이 힘들겠다며 일본인은 주식을 처분하고 떨어져 나갔다. 아버지는 혼자 밤낮없이 뛰어다니며 영업장을 꾸려 나갔다. 이후 영업장은 5개까지 늘었다.

군인출신의 늙은 사감선생

그도 다른 동포들과 마찬가지로 '지지 않기 위해' 공부도 열심히 하고 운동실력도 뛰어났다. 학년이 점점 올라 갈수록 친구들의 눈빛은 달라져 갔다. 어쩌다 함께 어울려서 친구 집에라도 가게 되면 친구의 부모들은 '조센진'과 놀지 마라며 그가 보는 앞에서 야단을 치기도 했다.

그러다보니 수업이 끝나면 그는 항상 혼자 놀 수 밖에 없었다. 집에 가서 옷을 갈아입고 다시 학교 운동장으로 와서 혼자 축구도 하고 달리기도 했다. 자연히 운동 실력도 늘어났다. 그는 중학교 시절 멀리뛰기 종목에서 '지바시'의 최고 기록을 가지고 있다.

그가 이치카와 사립 고등학교 1학년 때의 일이다. 육상부였던 그는 잊고 온 체육복을 가지러 가기 위해 친구의 자전거를 빌려 타고 자그마치 50킬로를 왕복했다. 하필 그날은 전철도 고장나서 운행이 중단된 상태였다. 기숙사에 밤늦게 도착한 그는 사감 선생님께 불려나가 심한 욕도 듣고 '스리빠'로 뺨도 맞았다. 숙소로 돌아와 보니 그 시간에 근처 '아이스링크'에서 놀다가 늦게 돌아온 네 명의 일본인 친구들은 아무런 처분도 받지 않고 있었다. 그는 단지 한국인이라는 이유로 맞았다는 생각에서 눈물이 났다. 그때의 늙은 사감선생은 일본군인 출신으로 오랫동안 노골적으로 조선인들을 차별했었다.

"그러니까 근데 똑같이 늦어졌는데 그 놈들은 아무것도 없고 나는 그 선생이 스리빠로 때려 쓰리빠. 그런 것도 차별이지. 일본사람은 봐주고 나는 한국사람이라고, 그 때 이제 방에 들어가서 우리끼리 이야기를 했죠. 너거들 맞았나 그러니까 안맞았대. 똑같은 나는 나쁜짓 안했잖아 근데 나는 맞고 너희들은 뭐야 인제 거서 그런 이야기를 한 적이 있어요. 근데 나중에 알고 보니까 그 선생이 그 때 노인이었는데 전쟁 때 군인이었어요. 일본군인. 그러니까 막 싫은 거야 그러니까 한국사람들이. 그런 기억이 지금도 생생하게 남아있어."

이래도 저래도 욕먹는 '일본에서 온 교포들'

그가 20대 때 친척들과 함께 한국을 방문했을 때의 일이다. 공항의 입국심사장에서 그를 불러 세운 공무원은 여권과 그의 얼굴을 번갈아 보면서 '한국어를 해보라'고 요구했다. 서툰 발음으로 대답을 해야했던 그는 식은땀이 났다. 그들은 '왜 한국 사람이 한국어도 못하냐'며 빈정거렸다. 그렇게 번번이 입국장에서의 모멸감은 일본 땅에서보다 더 치욕적이었다. 게다가 그때 이미 일본국적으로 바꾼 외삼촌은 '빨간 여권'을 들고 있었다. 외국인 심사장에서 '당신들은 왜 이런 짓을 하느냐'며 힐책을 당하고 있었다. 그 옆으로 한 무리의 재미교포들이 일사분란하게 입국장을 빠져나가고 있었다.

어떤 경우에는 가방까지 열어서 내용물을 검사했다. 화가 난 그는 '당신이 꺼낸 짐은 당신이 다시 챙겨 넣어라'며 공항직원을 향해 일본말로 소리친 적도 있었다. '일본에서 온 조선인'은 '한국인이라 해도 욕을 먹고, 또 일본인이라 해도 이래저래 욕을 먹었던' 것이다. 일부 한국인들이 일본의 식민지 지배의 기억 때문에 일본에 대한 분노를 그들에게 터뜨리는 일이라고 하기에는 너무 시간이 흘렀다.

"한국 가도 우리는 인간취급을 안 받고 일본에서도 그렇고 우린 우리끼리 교포끼리 새로운 사회를 만들어서 살면 된다고 사춘기 때 그런 생각 많이 했어요. 하이튼 일본애들 한테 지기 싫고. 뭐든지 공부든지 운동이든지 지기 싫어가지고. 고등학교까진 그랬죠."

구구절절 죽장면 공덕비

부모님이 처음 한국을 방문한 때는 1965년, 고국에서는 새마을 운동이 한창이었다. 할아버지의 산소를 찾아가는 길이었지만, '길도 없고 낡은 차는 가다가 펑크까지 나서' 더 이상 갈 수도 없는 지경까지 이르렀다. 하천은 물이 불어나서 건널 수 조차 없었다.

일본으로 돌아온 아버지는 당장 고향에 필요한 일들을 하나씩 해나가기 시작

했다. 마을 입구에 다리도 놓아주고, 국민학교 도서관
에 많은 책도 기부하기도 했다. 마을 사람들은 그것에
대한 보답으로 공덕비를 세워 주었다. 그에 대한 고마
운 마음이 깨알같이 빼곡히 새겨져 있었다.

    그때껏 집도 한 채 없었던 가족들은 아버지가 고향
에 다녀올 때마다 조금은 걱정스럽기도 했지만 고향
을 생각하는 아버지의 간절한 마음을 이해했다.
    마침내 아버지는 고향에 대한 그리움을 그가 살고
있는 일본에서 구현해 나가기로 결심했다. 일본 땅에
살고 있는 고향사람들의 단합과 소통을 위해서 처음
도민회를 만들었다.

"제 생각에는 저희가 그때 집도 없는 상태에서 남편이 그렇게 고국을 위해서
다리를 놔주고 했던 거, 어떻게 우리 집이나 짓고 나서 거기에 도와주지 이런 생
각을 생각을 했었는데 나중에 알고 보니까 그 젊었을 때 고국에 대한 사랑은 아마
한국에 있는 사람들하고는 비교가 되지 않을 정도로, 표현할 수 없을 정도로 애국
심이 강했던 거 같습니다."

"굉장히 심지가 굳은 분이시구요, 애
국심이 강하고, 무엇보다 자기인생을 꼭
성공시켜야 되겠다 라고 하는 생각이 강
하셨고, 왜곡된 거를 굉장히 싫어하시고
자상하면서도 정확하시고 죽어도 남을
속이지 않는, 속아도 남을 속이지 않는,
속일 바에는 차라리 속는게 더 편하다 라
고 생각하는 분이었어요."

'가타가타' 아버지가 만든 길

결혼한 그가 아내를 데리고 처음 고향을 찾았다. 버스라고는 하루 한대가 전부였으며, 심지어 한대 밖에 없던 버스는 마을로 이어지는 고갯길을 넘어가주지도 않았다. 택시도 없고 어렵사리 겨우 구한 지프차를 타고 상사리 고갯길을 넘었다.

아버지가 만들어 놓은 그 길은 '가타가타', '덜컹덜컹 울퉁불퉁한' 길이었다. 지프차도 얼마 가지 못해 펑크가 나버렸다.

아주 오래전 포항 앞바다에서 잡은 생선을 짊어지고 태백산맥 끝자락의 고갯길을 넘어야 했던 생선장수들이 반드시 거쳐 간 마을, 아버지가 태어난 고향이었다. 그런 이유로 아버지는 산골짜기 촌놈이었지만 유달리 생선 맛을 잘 알았다.

처음 간 고향의 골짝 마을에서 아내는 화장실도 못가고 끙끙거렸다. 친척들은 반가운 마음에 자고 가라고 붙잡았지만 그는 정중하게 거절하고 돌아왔다. 미안하고 힘들었던 기억이다.

"우리 아버지께서 그 산골짜기 계시면서 생선을 좋아해요. 그 산골짜기에서 계셨는데 어떻게 그걸 알았냐 맛을 알았냐 싶어서 물어보니까 인제 시장에 나갈 때 어부들이 전부다 짊어지고 건너가는 마을이라서 거기서 좀 팔고 그랬나봐요. 그래서 자주 먹어봤다고, 생선도 깨끗이 잘 먹어요."

프로그래머의 꿈

그는 대학에서 공업 경영과를 전공했다. '프로그래머'가 꿈이었던 그는 아버지의 파친코 사업을 물려받지 않겠다고 생각했다. 시험에 합격해서 '동양 엔지니

어링'에도 취업이 되었다. 그러던 중 아버지 친구로 부터 아버지의 건강상태가 안 좋다는 얘기를 듣게 되었다. 그때껏 아버지가 고생하면서 일궈놓은 사업이 한순간에 넘어갈 수도 있었다.

그는 아버지의 뒤를 이어 우선 전문학교에 입학하여 2년간 경영을 공부했다. 이후 세무사 사무실에 취직해서 2년간 실무 경험도 쌓았다. 그리고 아버지의 사업장에서 말단 종업원부터 시작했다. 5년 동안의 경영수업이 끝나갈 즈음해서 아버지의 건강은 돌이킬 수 없을 만큼 악화되었다.

부끄러운 한국어 인터뷰

그가 아주 어릴 적 아버지는 한국말을 배우고 오라며 한국의 친척집에 그를 맡겨 둔 적이 있었다. 국민학교도 들어가기 전에 대구의 큰아버지 집에서 3년 정도 살았던 그는 사촌들의 등교 길에 따라 나서서 학교 교실에 앉아 있기도 하고, 종이 울리면 운동장에서 함께 뛰어 놀았던 기억도 있었다.

그가 대학교 시절 고국방문단으로 한국에 왔을 때 그때의 기억을 밑천삼아 자신있게 방송국 인터뷰에 나섰다.

기자가 마이크를 들이대며 묻는 말에 그는 단 한마디의 한국말도 하지 못했다. 부끄럽고 충격이었다. 이후 일본으로 돌아와서 한국어 공부를 다시 시작했다. 민단활동도 하면서 제 1세대 재일동포들을 찾아다니며 많은 대화도 나누었다.

현재 지바 경상북도 도민회 부회장직을 맡고 있는 그는 지바에서 가장 유창한 한국말을 보유하고 있었다. 물론 경상도 사투리가 유별나게 센 한국말이다.

재일본경상북도 도민회

현재 일본에 거주하는 약 89만의 재일동포 중 약 18만 명이 경북에 뿌리를 두고 있다. 비록 몸은 일본에 있으나 마음만은 고향 곁에 있던 자이니치 경북인들은 오카야마현, 효고현, 오사카부, 교토부, 가나가와현, 도쿄도, 지바현 등 7개 지역에서 '경북도민회'를 조직하여 오늘날까지 경북인의 정체성을 지켜오고 있다. 이들은 지역 발전의 통 큰 후원자이며, 한국과 일본 양국을 잇는 교두보로 활약하고 있다.

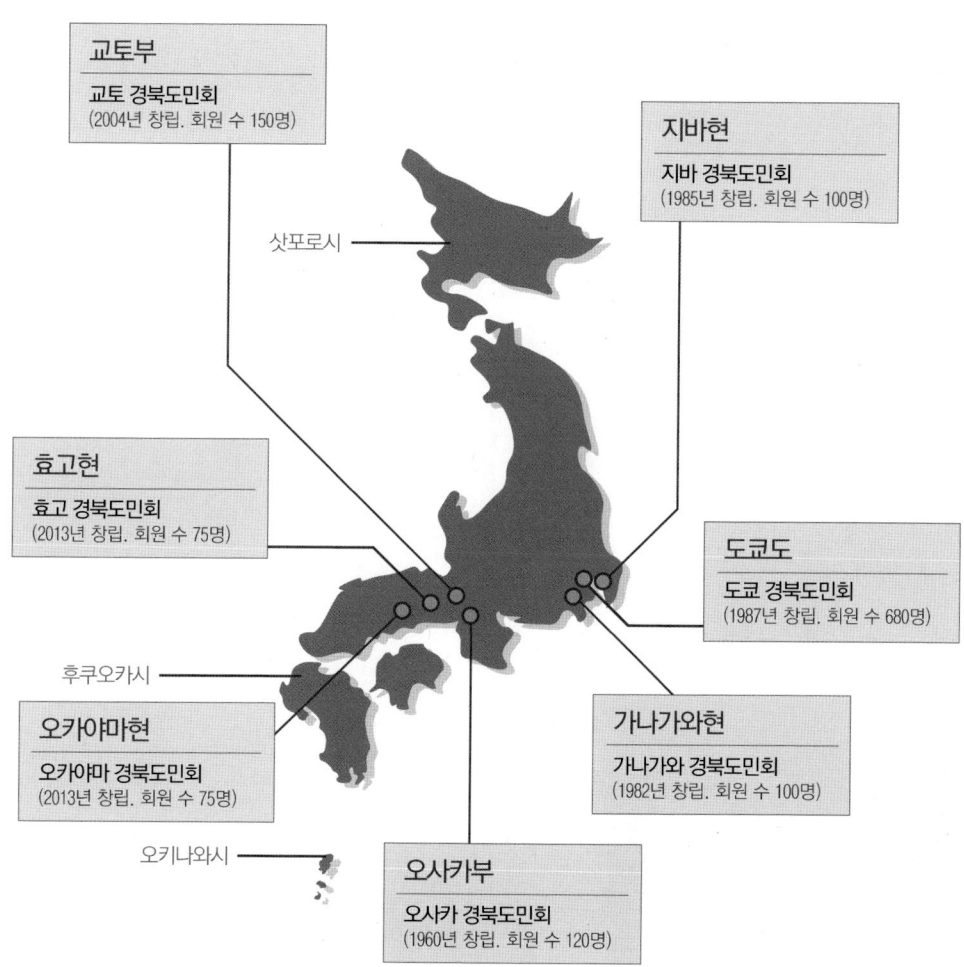

세계시민으로 사는 경북인

해외동포 정체성 찾기 사업

| 2010 - 2016 |

2010 **중국** 중국 경상도 마을

2011 **사할린** 사할린 강제징용동포

2012 **독일** 파독 광부와 간호사

2013 **우즈베키스탄** 우즈베키스탄 고려인

2014 **4개국** 중국, 베트남, 인도네시아, 인도 경북인

2015 **브라질** 브라질 경북인

2016 **일본** 일본 자이니치 경북인

디아스포라 Diaspora 로서 경북인의 삶의 흔적과 생활의 자취를 기록

- 문화교류 한마당 행사
- 다큐멘터리 제작/방영
- 스토리북 발간
- 콘텐츠 전시회 및 인문학 강좌

1

'2010 중국'
/ 중국, 경상도 마을을 가다 /

중국에 약 250여개의 경상도 마을이 있고, 경상도 출신 40만 명을 포함, 약 190만 명의 동포가 있다

기림성(아라디촌, 금성촌), 흑룡강성(홍신촌) 등에 퍼져있는 **중국 속 경상도 마을**

3

'2012 독일'
/ 검은 눈의 이방인 아몬드 눈을 가진 천사 /
/ 유랑, 이후 /

1960~1970년대 광부와 간호사로 파독해서 땀과 눈물로 뿌리를 내렸던 독일 경상도 사람들

독일 루르 탄광지대 노르트라인베스트팔렌주 등 10여개 도시

4

'2013 우즈베키스탄'
/ 또락또르와 까츄사들 /
/ 바람에 눕다 경계에 서다 고려인 /

1937년 스탈린의 강제이주 명령, 연해주에서 출발 1만 5천리를 떠나온 18만 명의 우즈베키스탄 고려인

고려인이 밀집해 거주하는 수도 타슈켄트를 비롯한 4개 도시

6

'2015 브라질'
/ 네오 빠울리스따노 – 벤데로 일군 꼬레봉들의 꿈 /

지구 반대편 브라질에서 행상부터 원단 수입까지, 진취적인 꿈으로 의류업을 점령하고 국제시민으로 사는 경북인

상파울루, 꾸리찌바 등 4개 도시

2010년 중국 경상도 마을을 시작으로, 2011년 사할린 강제징용 동포, 2012년 파독 광부, 간호사 등
2013년 우즈베키스탄 고려인, 2014년 해양실크로 4개국, 2015년 브라질의 국제시민, 2016년 재일동포 등
'세계시민으로 사는 경북인의 생애와 삶, 일상과 문화를 통해경북인의 정체성과 미래를 들여다 보았다'

2 '2011 사할린'
／사할린의 여름 하늘은 낮다／

일제강점기, 조선에서 태어나 일본인으로
사할린에 와서 지금은 러시아인으로 살아가는
사할린 경상도 사람들

**코르샤코프, 보이코프 등
한인들의 역사와 흔적이 남아있는 4개 도시**

7 '2016 일본'
／고향 곁에 머무는 마음, 자이니치 경북인／

교토부
효고현
오카야마현
지바현
도쿄도
가나가와현
오사카부

재일동포로서 지켜온 경북인의 정체성,
세계시민으로서 한일 양국의
가교 역할을 자처하는 일본의 경북인

**재일본경북도민회가 있는
오카야마현, 효고현, 오사카부 등 7개 지역**

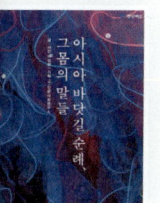

5 '2014 중국, 베트남, 인도네시아, 인도'
／아시아 바닷길 순례, 그 몸의 말들／

수천 년 전부터 해로를 따라 활발히
문명교류를 이루어 온
중국, 베트남, 인도네시아, 인도의 경북인

광저우, 호치민, 자카르타, 델리 등 10여 개 도시

세계시민으로 사는 경북인 2010
중국, 경상도 마을을 가다

경상북도와 (사)인문사회연구소는 2010년부터 경북 출신 해외 동포들의 삶을 기록하고 국내에 알리는 작업을 시작하였다. 그 첫해『경상북도-중국 동북3성 경제문화교류사업』의 일환으로 중국 경상도 마을을 방문하였다. 중국 속의 경상도 마을은 현재 요녕성과 길림성, 흑룡강성 등 동북 3성에 널리 분포돼 있으며, 중국에 거주하는 전체 조선족 190여만 명 중에 경상도 출신자들은 40여만 명, 마을은 약 300여 곳으로 추산된다. 이는 일제 치하에 농지 확보와 독립운동을 위해 조선반도에서 중국으로 집단 이주해 자연스럽게 형성된 것이다.

2010년 9월 현지 취재 기간동안 (사)인문사회연구소, (재)한빛문화재연구원 두 개의 조사팀과 대구 MBC 다큐멘터리 제작진은 길림성의 아라디촌과 금성촌, 흑룡강성의 홍신촌을 방문하여 경상도 마을 동포들의 이주사와 생애사를 취재하였다. 이를 바탕으로 2010년 10월 20일 현지 동포들과 함께 문화교류한마당〈길림성 아라디촌 마을잔치 및 경제문화교류 간담회〉를 개최하였으며, 취재 결과물은 각각 콘텐츠 스토리북, 전시회, 다큐멘터리로 지역민들에게 소개되었다. 아울러 '중국 경상도 마을 1.5세대 동포 고향 방문 초청 사업'도 진행되어, 아라디촌의 경북 출신 동포의 모국 방문이 성사되기도 하였다.

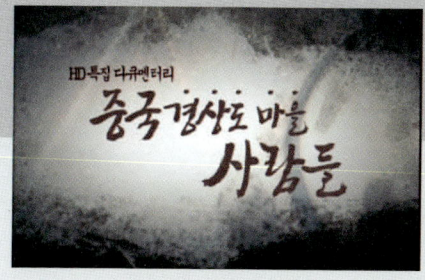 

2010. 9~10	중국 현지 취재 아라디촌, 금성촌, 홍신촌 등
2010. 10. 20	〈길림성 아라디촌 마을잔치 및 경제문화교류 간담회〉 개최 중국 길림성 아라디촌 조선민속촌
2011. 2. 11	대구MBC HD 특집 다큐멘터리 〈중국 경상도 마을 사람들〉 1부 '영상구술 눈물의 이주사' 방영
2011. 2. 14	콘텐츠 스토리북 『중국, 경상도 마을을 가다』 발간
2011. 2. 16~19	콘텐츠 전시회 〈경상도, 지금도 가슴속으로 흐르는 고향〉 개최 경북대학교 스페이스9
2011. 2. 17~20	경상도 마을 1.5세대 초청사업 아라디촌 경상도 출신자 4명
2011. 2. 25	대구 MBC HD 특집 다큐멘터리 〈중국 경상도 마을 사람들〉 2부 '경계에 놓인 사람들' 방영

세계시민으로 사는 경북인 2011
사할린의 여름 하늘은 낮다

경상북도와 (사)인문사회연구소는 2010년 시작한 해외동포 사업의 이름을 본격적으로 『경북의 혼을 찾아 떠나는 新실크로드-해외동포정체성찾기 사업』으로 바꾸고 2011년 러시아 사할린을 방문하였다. 사할린은 일제강점기 당시 강제징용으로 끌려간 약 15만명의 조선인들이 거주했던 곳으로, 이중 75%의 조선인들이 경상도 출신이다. 전쟁이 끝난 뒤에도 약 4만 3천여명의 조선인들이 고국으로 돌아가지 못하고 남아있었으며, 지금까지도 많은 동포들이 거주하고 있다.

2011년 6월 현지 취재 기간 동안 (사)인문사회연구소 조사팀과 대구 MBC 다큐멘터리 제작진은 한인들의 역사와 흔적이 남아있는 사할린 주 유즈노사할린스크, 브이코프, 코르사코프, 홈스크 4개 도시에 거주하는 경상도 출신 동포들을 방문하였다. 이를 통해 이주 역사와 사할린 동포들이 간직해 온 우리의 풍습과 문화, 그리고 점차 현지와 융합되어가며 바뀌어 온 삶의 일면들을 취재하였다. 2011년 7월13일 사할린 전역에서 온 200여명의 동포와 함께 한 〈경상북도-사할린 문화교류한마당〉을 개최하였으며, 이틀 후 지난해 취재했던 중국 흑룡강성 경상도마을을 다시 방문하여 〈경상북도-흑룡강성 경상도마을 문화교류한마당〉을 개최하였다. 사할린 동포들과 한인에트노스예술학교 단원들이 준비한 공연이 소개되었고, 경상북도립국악단의 전통춤과 민요, 피리 독주 등이 이어졌다. 취재 결과물은 각각 콘텐츠 스토리북, 전시회, 다큐멘터리로 지역민들에게 소개되었다.

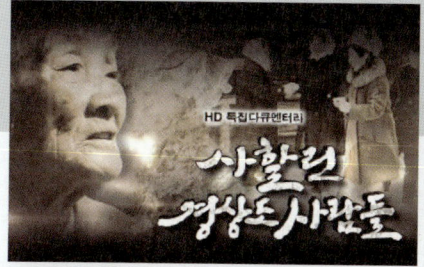

2011. 6~7	사할린 현지 취재 유즈노사할린스크, 브이코프, 코르사코프, 홈스크 등
2011. 7. 13	〈경상북도-사할린 문화교류한마당〉 개최 러시아 유즈노사할린스크 한인문화회관
2011. 7. 15	〈경상북도-흑룡강성 경상도마을 문화교류한마당〉 개최 중국 홍신촌
2011. 11. 18	대구MBC HD 특집 다큐멘터리 〈사할린 경상도 마을 사람들〉 1부 '돌아오지 못한 사람들' 방영
2011. 11. 25	대구MBC HD 특집 다큐멘터리 〈사할린 경상도 마을 사람들〉 2부 '경계인, 끝나지 않은 이야기' 방영
2011. 12. 7~9	콘텐츠 전시회 〈사할린의 여름 하늘은 낮다〉 개최 경북대학교 스페이스9
2011. 11. 30~12. 2	경상북도 청사 본관 현관 전시
2011. 12. 15	콘텐츠 스토리북 『사할린의 여름 하늘은 낮다』 발간

세계시민으로 사는 경북인 2012
검은 눈의 이방인, 아몬드 눈을 가진 천사

경상북도와 (사)인문사회연구소는 『경북의 혼을 찾아 떠나는 新실크로드-해외동포정체성찾기 사업』의 세 번째 대상지로 2012년 독일을 방문하였다.

독일은 1960~70년대에 걸쳐 광부, 간호사로 일할 한인들이 건너갔던 곳으로, 1961년 한국과 독일 사이에 맺어진 경제 및 기술 원조 협정에 따라 독일 내의 탄광과 병원에 노동력을 제공하기 위해 7,936명의 광부, 10,723명의 간호사들이 파독되었다.

2012년 5월 현지 취재 기간 동안 (사)인문사회연구소 조사팀과 대구MBC 다큐멘터리 제작진은 독일 루르 탄광지대인 노르트라인 베스트팔렌주의 총 10여개 도시에서 30여 명 이상의 경상도 출신 재독한인동포들을 만났다. 광부 광산촌, 간호사 기숙사촌 등 이주역사와 관련된 주요 장소를 방문하고 재독 한인동포들의 삶을 취재하였다. 2012년 5월19일에는 재독 영남향우회의 〈영남인의 밤〉 행사와 연계하여 300여 명의 동포와 함께 한 〈경상북도-재독한인 문화교류한마당〉을 개최하였다. 취재 결과물은 콘텐츠 스토리북, 전시회, 다큐멘터리로 지역민들에게 소개되었다. 2013년 10월에는 2012 독일 경상도사람들 사업의 일환으로 참여했던 작가의 작업 결실로 파독 광부, 간호사들의 이야기 『유랑, 이후』(최화성 지음/ 실천문학사)가 대중 출간되었다.

2012. 5	독일 현지 취재 노르트라인베스트팔렌주 10여개 도시
2012. 5. 19	〈경상북도-재독한인 문화교류한마당〉 개최 독일 에센 재독한인문화회관
2012. 9. 27	대구MBC HD 특집 다큐멘터리 〈독일 경상도 사람들〉 1부 '이주 50주년, 독일로 간 광부·간호사 이야기' 방영
2012. 9. 28	대구MBC HD 특집 다큐멘터리 〈독일 경상도 사람들〉 2부 '경계의 삶, 독일과 한국 사이' 방영
2012. 9. 29	콘텐츠 스토리북 『검은 눈의 이방인, 아몬드 눈을 가진 천사』 발간
2012. 9. 25~28	콘텐츠 전시회 〈검은 눈의 이방인, 아몬드 눈을 가진 천사〉 및 인문학 강좌 개최 대구 동부도서관 전시실 (2012.9.20~21 경상북도 청사 본관 현관 전시)
2013. 10. 8	2013.10.8.『유랑, 이후』(최화성 지음/실천문학사) 대중 출판 (한국출판문화산업진흥원 '2013년 우수저작 및 출판지원사업' 당선작)

세계시민으로 사는 경북인 2013
뜨락또르와 까츄사들

경상북도와 (사)인문사회연구소는 『경북의 혼을 찾아 떠나는 新실크로드-해외동포정체성찾기 사업』의 네 번째 대상지로 2013년 우즈베키스탄을 방문하였다. 우즈베키스탄은 실크로드의 중간 기착지로 통일신라 시대 경주에서 이스탄불까지 이어지는 문명교류의 역사를 간직한 곳이다. 아울러 1937년 스탈린의 명령에 따라 연해주에서 우즈베키스탄까지 약 18만 명의 한인들이 강제로 이주된 땅이기도 하다.

2013년 5월 현지 취재 기간 동안 (사)인문사회연구소 조사팀과 대구MBC 다큐멘터리 제작진은 우즈베키스탄 한인, 즉 고려인들이 밀집해서 거주하고 있는 수도 타슈켄트시를 중심으로 알마이크, 사마르칸트, 나망간, 페르가나 등지를 방문하여 경상도 출신자를 포함한 현지 동포들을 만났다. 고려인 1세부터 4세까지 다양한 세대와의 만남을 통해 조선에서 연해주로, 연해주에서 다시 우즈베키스탄으로 끝없는 이주를 겪은 그들의 삶을 취재하였다. 아울러 2013년 6월5일에는 200여명의 동포와 함께한 〈경상북도-우즈베키스탄 고려인 문화교류한마당〉을 개최하였으며, 취재 결과물은 콘텐츠 스토리북, 전시회, 다큐멘터리로 지역민들에게 소개되었다. 한편, 지난해 우즈베키스탄 고려인 사업에 참여한 한금선 사진작가의 결실로 사진전이 열렸으며, 사진집 〈바람에 눕다 경계에 서다 고려인〉이 출간되었다.

2013. 5~6	우즈베키스탄 현지 취재 타슈켄트, 사마르칸트, 페르가나, 나만간 등
2013. 6. 5	〈경상북도-우즈베키스탄 고려인 문화교류한마당〉 개최 우즈베키스탄 타슈켄트 바흐트 레스토랑
2013. 8. 31	대구MBC HD 특집 다큐멘터리 〈실크로드에서 만난 우즈베키스탄 고려인〉 방영
2013. 11. 30	콘텐츠 스토리북 『뜨락또르와 카츄사들』 발간
2013. 12. 4~7	콘텐츠 전시회 〈뜨락또르와 카츄사들〉 및 인문학 강좌 개최 경북대학교 스페이스9
2014. 8. 19	한금선 사진집 『바람에 눕다 경계에 서다 고려인』 (봄날의책) 출판
2014. 8. 19~31	한금선 사진전 『째르빼니 우즈베키스탄의 고려인』 개최 사진위주 류가헌 갤러리

세계시민으로 사는 경북인 2014
아시아 바닷길 순례, 그 몸의 말들

경상북도가 추진하는 『해양실크로드 글로벌 대장정 사업』과 발맞추어 2014년에는 『경북의 혼을 찾아 떠나는 新실크로드-해외동포정체성찾기 사업』의 일환으로 해양실크로드의 주요 거점인 중국, 베트남, 인도네시아, 인도 등 4개국을 대상지로 선정했다. 멀게는 1910년대부터 동시대에 이르기까지 많은 한인이 진출해 동포사회를 형성하고 있는 곳이다.

취재 기간 동안 (사)인문사회연구소 조사팀과 대구MBC 다큐멘터리 제작진은 4개국 10여개 도시에 거주하는 한인들과 만났다. 한인 2세 학생들의 학교생활을 기록에 담았고, 현지인과 결혼한 교민의 가정을 찾았으며, 현지에서 운영하는 한인들의 사업체와 농장을 방문해 '세계시민으로 사는 경북인'의 모습을 취재했다. 또한 각국의 한인 이주 역사를 비롯하여 한인사회의 형성과 성장배경, 지금의 한인사회 현상과 흐름도 함께 취재했다. 취재 결과물은 콘텐츠 스토리북, 전시회, 다큐멘터리로 각각 지역민에게 소개되었다. 후속으로 이어진 '경북인문기행' 사업에서는 한인 2세 학생들을 초청해 경주, 안동을 포함한 경북 일대를 둘러보며 다양한 문화체험활동을 펼쳤다.

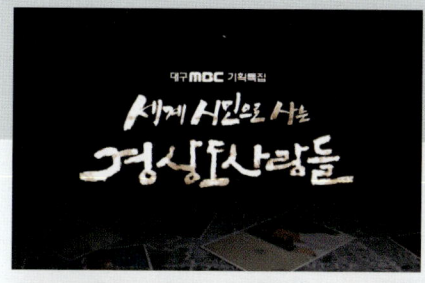

2014. 4~7	**4개국 현지 취재** 중국(광저우), 베트남(호치민시, 동나이성), 인도네시아(자카르타, 반둥, 수카부미, 족자카르타), 인도(델리, 노이다, 구르가온)
2014. 12. 6	대구MBC HD 특집 다큐멘터리〈세계시민으로 사는 경상도 사람들〉 방영
2014. 12. 10	콘텐츠 스토리북 『아시아 바닷길 순례, 그 몸의 말들』 발간
2014. 12. 17~20	콘텐츠 전시회〈아시아 바닷길 순례, 그 몸의 말들〉및 인문학 강좌 개최 경북대학교 스페이스9
2014. 12. 10~12	경상북도 청사 본관 현관 전시
2014. 12. 20~24	후속사업〈국제학교 학생과 떠나는 '경북인문기행'〉진행

세계시민으로 사는 경북인 2015
네오 빠울리스따노-벤데로 일군 꼬레봉들의 꿈

2015년 경상북도와 (사)인문사회연구소는 6년째 진행하고 있는 『21세기 경북의 혼을 찾아 떠나는 新실크로드- 세계시민으로 사는 경북인』의 대상지로 브라질을 선정했다. 약 5만 명으로 이루어진 브라질 동포 사회는 중남미에서 가장 큰 규모이며, 짧은 기간에 가장 성공적으로 정착한 이민자 사회의 사례로 꼽힌다. 브라질 동포는 70% 정도가 섬유 의류업에 종사하고 있으며 현지 여성 의류 시장의 40%를 점유할 정도로 중요한 위치를 차지하고 있다.

(사)인문사회연구소 조사팀과 대구MBC 다큐멘터리 제작진은 취재기간동안 동포 중 92%가 거주하는 상파울루 등 5개 도시를 방문해 50여명의 동포들을 만났다. 이들의 이주 과정과 정착기를 취재하고 60년대 최초의 농업이민단이 조성했던 아리랑 농장 터, 브라질 의류업의 중심지면서 한인 거주지와 사업체가 밀집되어 있는 코리아 타운 봉헤찌로 등 주요 장소를 돌아보며 동포들 삶의 궤적에 대한 이해를 심화했다. 또한 공식 이민사가 50년이 넘은 만큼, 현지에서 태어나고 성장한 이민 2세대를 만나 동포 사회의 현재와 미래에 대해 듣는 시간을 가졌다. 취재 결과물은 콘텐츠 스토리북과 다큐멘터리로 제작하고, 전시회와 행사를 열어 지역민들에게 소개했다.

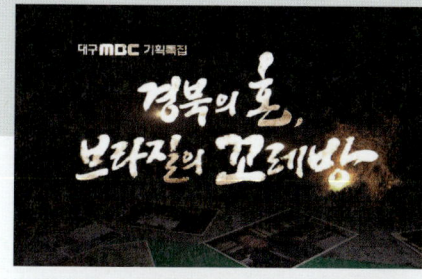

2015. 3~6	브라질 현지 취재 상파울루, 꾸리찌바, 훠스두이과수, 리우데자네이루
2015. 11. 29	대구MBC HD 특집다큐멘터리 〈경북의 혼, 브라질의 꼬레방〉 방영
2015. 11. 30	콘텐츠 스토리북 『네오 빠울리스따노-벤데로 일군 꼬레봉들의 꿈』 발간
2015. 12. 1~2	콘텐츠 전시회 〈네오 빠울리스따노-벤데로 일군 꼬레봉들의 꿈〉 및 토크콘서트 꿈꾸는 씨어터

세계시민으로 사는 경북인 2016
고향 곁에 머무는 마음, 자이니치 경북인

2016년 경상북도와 (사)인문사회연구소는 7년째 진행하고 있는 『세계시민으로 사는 경북인』사업의 대상지로 일본을 선정, 조국 근대화에 공헌한 경북출신 재일동포를 재조명 하였다. 일본의 식민지배로 인해 200만의 조선인이 일본으로 이주하였고, 그 중 광복 후에도 귀국하지 못한 60만명이 재일동포 1세대를 형성하였다. 오늘날에는 1세대에서 6세대 까지 약 100만명의 재일동포가 일본에서 살아가고 있다. 재일동포들은 멸시와 차별에 맞서면서도 6·25전쟁, 새마을운동, 88올림픽, IMF 등의 순간에도 고국을 잊지 않고 마음을 모아 전달하였다. 이때까지 재일동포 성금 전체를 환산하면 8000억원에 달하지만, 그럼에도 이러한 재일동포의 헌신은 잘 알려지지 않았다.

(사)인문사회연구소 조사팀과 영남일보 취재진은 오카야마현, 고베현, 오사카부, 교토부, 가나가와현, 도쿄도, 지바현 등 7개 지역을 방문하여 한국과 일본 사이 경계인으로 살아가지만 한국인의 뿌리를 지켜온 재일동포들을 만났다. 고베 나가타구, 오사카 이쿠노구, 교토 히가시쿠조, 가와사키 오오힌지구, 도쿄 신오쿠보 등 한인 집거지를 찾아 한인공동체 형성 및 발전사를 취재하였고, 재일동포 1세들을 만나 정착사 및 모국 공헌사를 취재하였다. 또한 현지에서 태어났지만 경북인의 정체성을 가지고 세계시민으로 살아가는 재일동포들을 만나 한인 사회 및 한국정부의 재외국민 정책이 나아가야 할 방에 대한 의견을 듣는 시간을 가졌다. 취재 결과물은 영남일보 기획연재와 콘텐츠 스토리북으로 제작하고, 전시회와 행사를 열어 지역민들에게 소개했다.

2016. 5~6	일본 현지 취재 오카야마현, 고베현, 오사카부, 교토부, 가나가와현, 도쿄도, 지바현
2016. 7. 18~9. 6	영남일보 기획연재 '디아스포라 - 눈물을 희망으로 〈2부〉'
2016. 10. 24~28	콘텐츠 전시회 〈고향 곁에 머무는 마음, 자이니치 경북인〉 개최 경북도청 본관
2016. 12. 8	콘텐츠 스토리북 『고향 곁에 머무는 마음, 자이니치 경북인』 발간 및 북 콘서트 대구예술발전소

도움 주신 분

*이름은 가나다순 입니다.

오카야마현
권외남, 김종철, 김행일, 박아사, 서창목, 윤신웅, 이보창, 이재순

효고현
김상사, 김태환, 서세일, 이귀연, 정기택, 차득용, 최상준, 차헌소

오사카부
강계아, 강상훈, 곽진웅, 김창식, 김형식, 박재길, 유호성, 진춘자, 최월숙, 홍리나

교토부
김영철, 김정일, 박의순, 이희돈, 황영주

가나가와현
김미강자, 김신야, 김정희, 남용수, 배중도, 장조이, 황외금, 황호정

도쿄도
김연옥, 김인숙, 김정자, 김주태, 김진묵, 남조남, 양성종, 엄선남, 오영석, 오영원, 이남이, 이미애, 장상덕, 정강헌, 정상묵, 조규화, 진동철, 진현덕, 천병승

지바현
곽덕구, 곽복남, 김용웅, 김풍성, 삼포 부미자, 송영자, 이석노, 정동일

기관/단체
재일본경북도민회(오카야마 경북도민회, 효고 경북도민회, 오사카 경북도민회, 교토 경북도민회, 도쿄 경북도민회, 지바 경북도민회)
효고상공회의소, 고베한국교육원, 오사카 코리아NGO센터, 가와사키 후레아이관, 가와사키 도라지회, 문화센터 아리랑, 재일본한국인연합회, 재일한인역사자료관

참고문헌

『세계시민으로 사는 경북인 2016 - 일본편』의 사업 방향성 정립과
재일동포 이주사 및 정체성 이해, 현지취재를 위해 아래의 문헌을 참고하였습니다.

이범준, 〈일본제국 vs. 자이니치:대결의 역사 1945~2015〉 북콤마, 2015
서경식, 〈역사의 증인 재일조선인〉 반비, 2012
서경식, 〈디아스포라 기행〉 돌베개, 2006
서경식, 〈난민과 국민사이〉 돌베개, 2006
서경식, 〈언어의 감옥에서〉 돌베개, 2011
국제고려학회 일본지부 재일코리안사전 편찬위원회, 〈재일코리안사전〉 선인, 2012
건국대학교통일인문학연구단, 〈코리언의 민족정체성〉 선인, 2012
임영상, 김진영 외, 〈코리아타운과 한국문화〉 북코리아, 2012
임영상, 주동완, 〈코리아타운과 축제〉 북코리아, 2015
재일동포 모국공적조사위원회, 〈모국을 향한 재일동포의 100년 족적〉 재외동포 재단, 2008
이붕언, 〈재일동포 1세, 기억의 저편〉 동아시아, 2009
제주대학교 재일제주인센터 〈재일한국인 연구의 동향과 과제〉 제주대학교 재일제주인센터, 2014
이재갑, 〈한국사 100년의 기억을 찾아 일본을 걷다〉 살림, 2011
레비 스트로스, 〈달의 이면 - 래비 스트로스, 일본을 말하다〉 문학과지성사, 2014
이원복, 〈먼나라 이웃나라 일본편〉 김영사, 2010

고향 곁에 머무는 마음,
자이니치 경북인

ⓒ경상북도 / (사)인문사회연구소 2016

발행일	2016년 12월 5일
발행처	경상북도
기획	(사)인문사회연구소
디렉터	신동호
에디터	김슬기·이정화
취재	신동호·이정화·김슬기
글	이정화
사진	이정화·신동호
디자인	안지경
출판	코뮤니타스

ISBN 979-11-85591-44-5

이 책은 경상북도와 (사)인문사회연구소가 추진하는 해외동포네트워크사업
〈세계시민으로 사는 경북인 2016 - 일본편〉의 일환으로 제작되었습니다.

이 도서의 국립중앙도서관 출판예정도서목록(CIP)은 서지정보유통지원시스템 홈페이지
(http://seoji.nl.go.kr)와 국가자료공동목록시스템(http://www.nl.go.kr/kolisnet)에서
이용하실 수 있습니다.(CIP제어번호: CIP2016028442)